OSER
OU LA FORCE D'ENTREPRENDRE

CHRISTIAN ROULLEAU

EN COLLABORATION AVEC NOËLLE DU GUERNY

OSER OU LA FORCE D'ENTREPRENDRE

PRÉFACE DE FRÉDÉRIC OUDÉA

le cherche midi

Vous pouvez consulter notre catalogue général
et l'annonce de nos prochaines parutions sur notre site :
www.cherche-midi.com

92, avenue de France
75013 Paris

Conseil éditorial : Sylvie Nordheim
Édition et suivi éditorial : Bleuenn Jaffres

Conception graphique : Justine Dupré
Composition : Peter Vogelpoel
Dépôt légal : mars 2022
ISBN 978-2-7491-7337-5

« La meilleure façon de prédire l'avenir, c'est de le créer. »

Peter Ferdinand Drucker

« Le vrai courage ne se laisse jamais abattre. »

Fénelon

« Ils ne savaient pas que c'était impossible, alors ils l'ont fait. »

Mark Twain

PRÉFACE

Christian Roulleau a décidé d'écrire, de témoigner. Lui qui se décrit comme un « taiseux », qui n'a pas l'habitude de se livrer à l'oral, aura probablement trouvé plus de facilités à le faire par la plume, en dominant sa pudeur.

Ce livre est d'abord et avant tout le partage de la trajectoire exceptionnelle d'un entrepreneur. Christian Roulleau est parti de rien, et, si le concept de « self-made man » a bien un sens, il ne s'appliquera jamais aussi bien qu'à Christian. Issu d'une famille pauvre, autodidacte, il a su, en l'espace de trente-cinq ans, bâtir un groupe de services à la dimension internationale avec près de 3 milliards d'euros de chiffre d'affaires et environ 100 000 collaborateurs. La fondation et le développement de Samsic, c'est incontestablement son bébé, son œuvre, sa vie, et le cœur de son témoignage.

Réussite professionnelle admirable, exemplaire, dont il nous livre quelques secrets : l'attention aux clients, une stratégie de développement et de différenciation pensée méticuleusement et appliquée avec rigueur et méthode, l'anticipation des évolutions de marché, l'importance de savoir s'entourer et, plus généralement, l'attention aux hommes et aux femmes de l'entreprise. Avec, d'ailleurs, un mélange étonnant et assez unique, au sein de sa garde rapprochée, entre de nombreux membres de sa famille et des cadres de haut niveau qui l'ont accompagné tout au long de son aventure entrepreneuriale. La capacité, aussi, à acheter et intégrer des entreprises en gardant les managements souvent familiaux en place et en les associant au capital, donc au succès pérenne de la nouvelle filiale du groupe. Bref, une philosophie de business puissante et incarnée, centrée autour de la motivation de tous les jours des collaborateurs de l'entreprise, quel que soit leur niveau.

Mais l'ouvrage va au-delà et donne quelques clés de lecture du personnage. D'abord, comment diable s'est forgée cette force de caractère, cette envie de construire, cette ambition ? Le lecteur y trouvera certainement comme origine première la coïncidence d'une éducation et d'un talent. Éducation qu'il qualifie lui-même de rude et rigoureuse, avec l'exemple de son père qui ne se plaignait jamais et de sa mère pour laquelle rien ne comptait davantage que le travail. Talent d'un membre de la famille qui avait quelque chose de spécial en lui, qui était animé par un feu intérieur, comme le souligne son frère cadet, Guy.

Ce qui frappera le lecteur est probablement la présence forte de certaines valeurs, de certains mots dans cet ouvrage. La référence au travail, à l'effort, presque vécus comme une religion, est omniprésente. On sent que, pour Christian, rien n'est possible sans un engagement exceptionnel de tous les instants. Il l'écrit lui-même : « C'est un trait de mon caractère : j'ai toujours été courageux, travailleur. »

Son énergie, son tempérament le portent aussi à avancer en permanence, à penser au coup d'après : « Je ressentais ce besoin de foncer, de créer, de me projeter dans le travail. J'assouvissais enfin cette envie d'entreprendre. » D'ailleurs, il est souvent qualifié d'hyperactif par ses proches. Christian est animé de puissants moteurs intérieurs, d'une énergie débordante, que ce soit dans l'exercice de la direction de l'entreprise ou dans la pratique du sport, qui est devenu un besoin vital pour assurer son équilibre.

Christian Roulleau est lucide. Sa réussite inclusive, son attention réelle aux autres n'excluent pas une certaine rudesse et une grande exigence qu'il impose aux autres comme à lui-même. « Je connais aussi ma dureté et mon intransigeance. » Mais, au fond, ce n'est guère surprenant; c'est l'inverse qui eût été bizarre.

Le lecteur ne manquera pas d'être touché par la fierté que Christian tire de ses origines bretonnes. Ses multiples engagements sociétaux, ses amitiés trouvent très souvent leur motivation dans son attachement à sa région et à son rayonnement. Caractéristique qu'il partage d'ailleurs avec d'autres chefs d'entreprise réputés que cette région a vu naître et qui sont autant d'amis chers de Christian. Mais cet amour pour la Bretagne, cet ancrage régional n'est en aucun cas synonyme de recroquevillement. C'est grâce à des racines profondes et solides que Christian aura pu, avec confiance et appétit, se développer à l'international et partir à l'aventure du grand large.

Ce qui frappe aussi est ce qui n'est pas dit, pas exprimé. D'abord sur les plaisirs de la vie, de sa vie. Christian s'y est mis sur le tard. C'est aujourd'hui, probablement, qu'il commence à jouir un peu plus des fruits de son travail, à goûter un peu plus les plaisirs que permet l'argent gagné à la force du poignet. Il nous décrit ainsi sa stratégie patrimoniale, qui est aussi une manière de quitter les sentiers battus et de se faire plaisir, par exemple avec l'acquisition d'une belle propriété à Bordeaux, le Château Dauzac.

Le rapport à la vie et à la mort, le rapport au temps ne sont que peu présents dans ces pages. C'est probablement quelque chose qui le taraude, mais, jusqu'à présent, sa réponse a toujours été plus d'actions, plus de projets, l'absence de limites. C'est sa manière de croquer la vie à pleines dents sans trop se poser de questions. Il n'a pourtant pas été épargné par la vie, avec le décès tragique de sa deuxième épouse. Ce sera peut-être pour plus tard, dans un deuxième ouvrage ?

Enfin, on imagine Christian profondément laïque, mais, même s'il parle peu de foi dans son témoignage, il consacre un long chapitre à sa marche sur les chemins de Saint-Jacques-de-Compostelle, où se mêlent un arrière-plan foncièrement spirituel et le plaisir de l'engagement physique de huit semaines de marche intensive.

Au bout du compte, que ce soit du point de vue professionnel ou personnel, ce témoignage se veut d'abord un beau message d'encouragement et d'optimisme à destination des jeunes notamment. Osez ! Osez ! Osez comme Christian a su le faire, nourri par son formidable appétit pour avancer et bâtir, sans peur, sans limite préfixée, en étant toujours tourné vers l'avant. C'est un hymne à la vie, à l'engagement, à l'homme.

Je terminerai par un mot plus personnel, moi qui ai la chance de connaître Christian Roulleau depuis maintenant plus de dix ans. D'un rendez-vous classique de banquier avec son client, dans son beau et lumineux siège social de Cesson-Sévigné, près de Rennes, est née une amitié sereine et sincère, comme Christian sait les faire naître et s'épanouir. Cette amitié m'honore, compte tenu de la nature de Christian, qui est un homme de terrain et du terroir, un ami généreux, attachant et fidèle.

Que la vie te préserve pour de nombreuses années. Si tu n'existais pas, il faudrait t'inventer !

Frédéric Oudéa, directeur général
du groupe Société Générale

AVANT-PROPOS

Le personnage est atypique, mais qui s'en étonnera ? Chaleureux, la voix qui porte, le rire facile, mais ne vous méprenez pas : Christian Roulleau n'en est pas moins très rigoureux, intransigeant, acharné au travail, excessivement tenace. Est-ce au prix de cette rigueur, de cette force de travail qui l'anime, qu'il peut se targuer d'avoir créé en trente-cinq ans – trente-cinq ans seulement ! – un empire de plus de 2,7 milliards d'euros de chiffre d'affaires et de 93 000 salariés ?

Si, dans cet ouvrage, ce grand patron breton, fondateur du groupe Samsic spécialisé dans les services intégrés aux entreprises, témoigne, se livre, évoque ses coups de génie et ses échecs, ses doutes et ses certitudes, ses fêlures et ses forces, c'est essentiellement dans le but de transmettre. Et de donner à penser aux jeunes générations que tout est possible.

D'aucuns diront que ceux qui peuvent s'enorgueillir d'une telle ascension sont bien peu nombreux. Mais Christian Roulleau persiste : si la rigueur, les idées, le travail, l'audace, l'opiniâtreté, le courage se télescopent, alors, aujourd'hui encore, son parcours est reproductible. Parti de rien, le fondateur de Samsic est arrivé au sommet européen des services aux entreprises et poursuit résolument sa trajectoire à l'international.

En 2019, Christian Roulleau a transmis le flambeau à son gendre, Thierry Geffroy, mais n'en continue pas moins d'œuvrer au rayonnement de Samsic à travers la holding familiale FOR-BZH.

On dit les Bretons discrets. Eh bien, Christian Roulleau ne déroge pas à la règle ! Il m'aura fallu plus d'une année pour le convaincre de la pertinence de ce témoignage. Pour sa famille et ses collaborateurs, bien sûr, pour l'ensemble de son groupe, mais aussi pour la Bretagne, afin de mettre en lumière l'un de ses fleurons, né d'un parcours méconnu. Pas de fatuité, donc, dans ce projet de biographie, sinon l'envie de retracer un cheminement, révélateur d'une détermination hors du commun.

Je suis honorée que Christian Roulleau m'ait accordé sa confiance pour l'accompagner dans l'écriture de son histoire. Il n'est jamais aisé de se confier, de se dévoiler, d'établir le bon accord entre circonspection et introspection. Ensemble, nous avons réussi le pari, je crois, du juste équilibre : concéder une part de sphère privée sans franchir les limites de l'indiscrétion. Raconter et faire comprendre le parcours du « personnage » en y intégrant son histoire personnelle et familiale avec pudeur et pondération.

Voici donc l'odyssée d'un leader breton, autodidacte et mécène.

Noëlle du Guerny

PREMIÈRE PARTIE

LA GENÈSE

1

Une famille modeste

C'est dans le quartier des Villes Hervé de Plérin, près de Saint-Brieuc, dans les Côtes-d'Armor, que ma vie débute, le 21 janvier 1951, dans ce tout petit appartement où vivent mes parents, Joseph et Anna. Ma sœur aînée, Mireille, est née trois ans plus tôt, en 1948. Je suis donc le cadet, et deux autres enfants viendront quelques années plus tard compléter la fratrie. Mon frère Guy en 1958, et ma jeune sœur Annie en 1961.

Joseph, mon père, est originaire de Guignen, dans le département d'Ille-et-Vilaine. Ses parents, Joseph et Philomène Roulleau, sont des paysans qui vivent dans la misère, ou ce que l'on pourrait appeler plus justement la pauvreté rurale de l'époque. La famille compte six enfants, deux filles et quatre garçons, dont mon père, né en 1920.

J'ai très peu connu mes grands-parents paternels et les quelques souvenirs que je garde d'eux restent flous, mais je sais que leur vie fut faite d'énormément de souffrance. Notre grand-père buvait beaucoup. L'âpreté de leur vie y contribuait, sans aucun doute, et le quotidien de Philomène était « compliqué », un euphémisme pour ne pas dire « invivable ». Lorsqu'il était ivre, le grand-père Roulleau – un salaud, dirait mon frère – frappait sa femme ou s'emportait contre ses enfants, allant jusqu'à les contraindre à dormir dans l'étable, à même la paille. Combien de fois les fils durent protéger leur mère de ces coups auxquels les enfants n'échappaient pas non plus !

La retraite venue, sans doute pour se rapprocher de leur progéniture, les grands-parents paternels quittèrent Guignen pour habiter une minuscule pièce au Roselier, à Plérin. Mes souvenirs de Joseph et Philomène s'arrêtent là.

2

Vacances à Saint-Trimoël

Du côté maternel, *a contrario*, les images familiales sont toujours très vivaces. Ma mère, Anna Boutrais, voit le jour en 1926 dans la petite commune de Saint-Trimoël, près de Lamballe. Toute mon enfance sera rythmée par nos week-ends et vacances chez Mathurin et Amélie, mes grands-parents, fermiers à la tête d'un bien modeste cheptel de… deux vaches ! À la fois sévères et affectueux, Mathurin et Amélie, bien que pauvres, nous recevaient toujours avec gentillesse.

Mon grand-père, outre son travail aux champs, était bedeau : il s'occupait de l'entretien de l'église et du cimetière. Je crois qu'il n'était pas rémunéré pour ces tâches, mais qu'il s'y consacrait davantage par dévotion. Soir et matin, pendant les vacances, nous accompagnions notre grand-père qui allait faire sonner les cloches. À l'époque, rien n'était électronique comme aujourd'hui. Nous nous amusions beaucoup à nous suspendre à tour de rôle à la corde qui actionnait la grosse cloche de l'église. Nous nous laissions

Le mariage de mes parents, Anna et Joseph Roulleau,
le 15 avril 1947 à Saint-Trimoël

monter et descendre, entraînés par le poids du bourdon. Nous allions aussi accompagner les vaches au champ le matin et nous les ramenions à l'étable le soir. C'étaient de formidables moments, simples et heureux.

Mais de là est née sans doute, aussi, ma peur de la mort – ou des morts, plus exactement. Mon grand-père Mathurin nous proposait parfois, mes cousins, mon frère, mes sœurs et moi, de le suivre sur les chemins de Saint-Trimoël jusqu'au cimetière où le devoir l'appelait. Et nous, enfants, assistions sans broncher, ici à l'exhumation de quelque dépouille, là au remblaiement d'une fosse ou au nettoyage d'un caveau. Il fallait faire quelque place aux futurs locataires des lieux, et mon grand-père s'attelait à la tâche sans imaginer sans doute que nos yeux d'enfants mémoriseraient à jamais ces images d'ossements et de sépultures. Le soir venu, à l'heure du coucher, il n'était pas rare que je jette un regard apeuré sous mon lit afin de m'assurer qu'aucun macchabée ne s'y était réfugié. Ces images ont hanté une bonne partie de mes jeunes années, tout cela me terrorisait.

Ma sœur Mireille, elle, attribue plus précisément cette angoisse de la mort au film d'épouvante italien *Les Trois Visages de la peur*, avec les acteurs Michèle Mercier et Boris Karloff. En quelles circonstances avions-nous pu le regarder si jeunes ? Cela reste un mystère, mais l'effroi persista. Et que dire de ces grandes tentures de deuil en velours noir suspendues aux portes d'entrée des maisons pour signaler des funérailles ! Comme elles m'horrifiaient !

Saint-Trimoël, ce fut aussi nombre de rencontres familiales réunissant oncles et tantes, cousins et cousines. Presque chaque dimanche, nous nous retrouvions tous chez les grands-parents Boutrais. Il faut dire que les hommes étaient corvéables à merci, chacun devant apporter sa contribution à l'entretien de la maison et du jardin de Mathurin et Amélie, qui la réparation d'une porte, qui le débroussaillage d'une allée ou la consolidation d'un muret. Mais, une fois ces corvées achevées, les « festivités » pouvaient commencer. J'ai encore en mémoire ces longues tablées regroupant les hommes d'un côté, les femmes de l'autre. Chacun devait pousser la chansonnette. Les enfants, eux, s'égaillaient dans la nature, pour leur plus grand plaisir.

Au début des années 1950, nous n'avions pas encore de voiture. Tous les trajets se faisaient à vélo. Le samedi, c'était juchés sur le porte-bagages de nos parents que nous parcourions, Mireille et moi, les trente-cinq kilomètres qui relient Plérin à Saint-Trimoël. Un peu plus tard, les vélos furent remplacés par un Solex pour maman, par une mobylette jaune pour papa. La fameuse Peugeot 203 n'arrivera qu'après la naissance de Guy, en 1958.

3

Une vie laborieuse

Si mon enfance fut sans conteste une période heureuse, elle me vit aussi prendre conscience très rapidement de ce qu'est une vie rude et laborieuse, mes parents travaillant sans relâche pour bien peu. Pour mes sœurs, mon frère et moi, nos jeunes années furent marquées par le quotidien de labeur et de sacrifices de nos parents.

Notre père travailla toute sa vie pour le même employeur, les établissements Flageul à Saint-Brieuc, une entreprise de déménagement bien connue dont le siège social se trouvait à Lorient. Imaginez : une vie entière au salaire minimum – le SMIG d'abord, instauré en 1950, suivi du SMIC à partir de 1970. Même lorsqu'il fut promu chef déménageur, son salaire resta le même. Mon père était un besogneux. Nous ne l'entendions jamais se plaindre, il aimait son travail et ne manifestait aucune indignation au regard de sa condition immuable de smicard. Il avait de toute évidence intégré le concept d'entreprise familiale au sens littéral du terme : il aimait son travail, mais aussi son entreprise et son patron.

Mon père (debout à droite) parmi ses collègues de l'entreprise Flageul

Il lui était même dévoué au point d'accepter, lorsque ses déménagements ne le contraignaient pas à quitter le périmètre des Côtes-d'Armor (les Côtes-du-Nord à l'époque), de conduire chaque matin les enfants de M. Flageul à l'école. En Jaguar MK2, s'il vous plaît !

Son travail exigeait souvent qu'il quitte son domicile la semaine entière, mais cela représentait pour mon père une forme d'indépendance qu'il appréciait. Il était alors seul maître à bord de son camion. Et, lorsqu'il obtint le statut de chef déménageur – sans pour autant être augmenté –, il sut gérer avec habileté sa petite équipe ; il était « le patron ». Malgré tout, mon père n'avait pas vraiment d'ambition. Travailleur, attentif envers son épouse et ses enfants, mais pas davantage. Ses seules aspirations étaient d'assurer ses devoirs envers sa famille et, plus prosaïquement, que sa voiture fût propre et son jardin bien entretenu. Ça n'allait pas au-delà. Mon frère Guy me rappelait récemment une anecdote concernant le seul acte revendicatif de la vie de notre père. Un temps représentant du personnel chez Flageul, il rentra un soir, annonçant fièrement à la cantonade qu'il avait obtenu que ses collègues bénéficient de chaussures de sécurité. Chaussures que les collègues, en fin de compte, ne voulurent jamais porter…

Notre mère fut longtemps contrariée par les absences répétées de son mari et, surtout, en colère contre l'inadéquation entre le nombre d'heures travaillées et la faiblesse du revenu. Elle lui en voulait de ne pas tenter de faire mieux, ou plus. Elle entreprit même des démarches et lui trouva une place aux ponts et chaussées, qu'il refusa catégoriquement, préférant sa liberté à un salaire plus élevé. À sa décharge, Joseph Roulleau fils n'avait pas d'instruction, contrairement à sa femme, ce qui pouvait expliquer sa moindre volonté de s'élever par un travail plus rémunérateur. Si notre père savait lire, il n'écrivit que très peu au cours de sa vie, hormis quelques lettres adressées à notre mère avant leur mariage, et que ma sœur Annie a précieusement conservées. Son premier chèque, il ne le signa qu'au moment de son départ à la retraite ! Anna, elle, ne s'endormait jamais sans lire quelques pages d'un roman. Elle tenait même un journal, y consignant anecdotes, événements du quotidien et poèmes dans une écriture soignée. Je pense souvent que, si maman avait vu le jour dans un milieu plus propice à la culture, elle serait devenue autre, son intelligence et sa finesse d'esprit auraient pu la mener loin. Mais sa vie fut ainsi faite.

Malheureusement, ni l'un ni l'autre, bien que tous deux très travailleurs, n'avait reçu la moindre formation. Toutefois, notre mère se distinguait par son tempérament entreprenant. Elle menait son monde, revendiquait une certaine ambition, décidait, prenait des initiatives.

S'ils n'en parlaient que très rarement, mes parents avaient chacun une orientation politique bien nette. Mon père était clairement communiste ; ma mère, elle, plutôt centriste. Elle admirait Jean Lecanuet, président du MRP (Mouvement républicain populaire) puis fondateur du CD (Centre démocrate) et candidat à l'élection présidentielle de décembre 1965. Mais, au contraire de notre proche voisin, facteur et communiste comme mon père, mes deux parents n'étaient pas militants et n'éprouvaient pas le

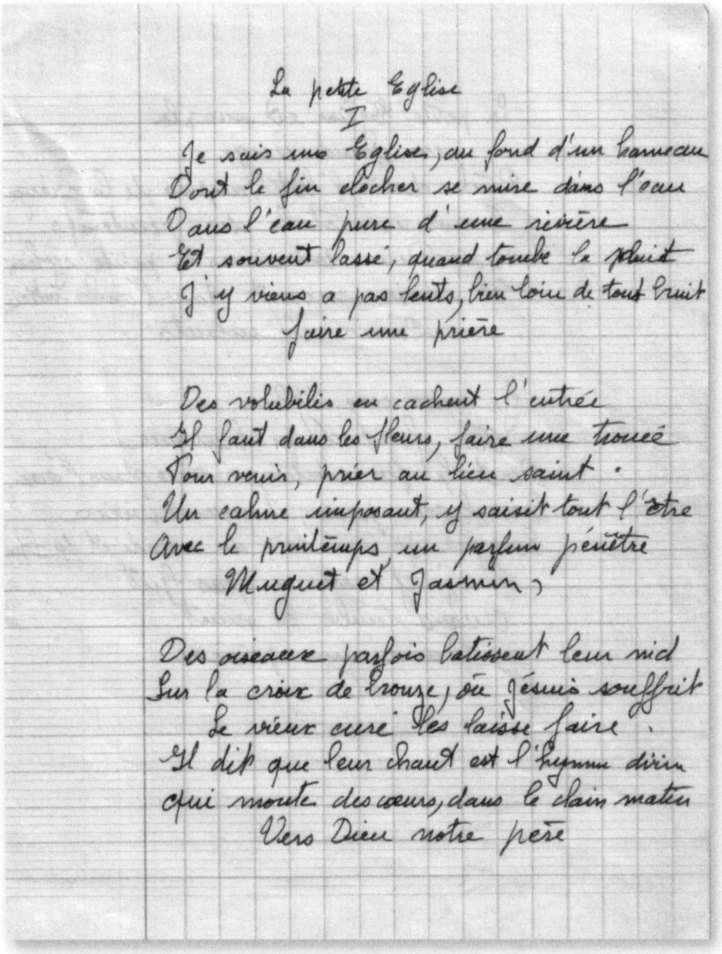

La petite Eglise

I

Je sais une Eglise, au fond d'un hameau
Dont le fin clocher se mire dans l'eau
Dans l'eau pure d'une rivière
Et souvent lassé, quand tombe la pluie
J'y viens à pas lents, bien loin de tout bruit
Faire une prière

Des volubilis en cachent l'entrée
Il faut dans les fleurs, faire une trouée
Pour venir, prier au lieu saint.
Un calme imposant, y saisit tout l'être
Avec le printemps un parfum pénètre
Muguet et Jasmin,

Des oiseaux parfois batissent leur nid
Sur la croix de bronze, où Jésus souffrit
Le vieux curé les laisse faire.
Il dit que leur chant est l'hymne divin
Qui monte des cœurs, dans le clair matin
Vers Dieu notre père

Extrait du journal de ma mère

besoin d'exprimer leur sensibilité politique. Sans nul doute, le penchant communiste de mon père était lié à la situation économique du ménage, à leur statut d'ouvriers, leur manque de moyens, sans que cela attise en lui une révolte particulière. L'un comme l'autre ne développaient pas de sentiment d'injustice ni n'étaient pour autant dans une quelconque résignation : c'était la vie, point. Leurs divergences de vues politiques ne déclenchaient pas non plus, ce qui peut paraître étrange, de discussions houleuses ou d'échanges acerbes, mais peut-être ma mémoire me trahit-elle.

En 1956, lorsque mes parents quittèrent le minuscule appartement des Villes Hervé, à Plérin, pour acheter une petite maison dans le quartier de la Ville-Bougault à Saint-Brieuc, ils durent tant emprunter que ma mère se trouva dans l'obligation de prendre un travail de nuit pour réussir à honorer les échéances du prêt. Anna cumula donc les petits emplois : femme de ménage, garde d'enfants le jour et, pendant des années, garde-malade la nuit, à la clinique Sainte-Thérèse de Saint-Brieuc.

Après sa journée de travail, elle préparait le dîner et repartait aussitôt en Solex. Elle dormait à la clinique sur un lit d'appoint près des malades et rentrait au petit matin, à temps pour nous préparer pour l'école. Une vie de labeur, incontestablement. Dans les dernières années de sa vie professionnelle, elle se vit enfin confier un poste à responsabilité : chef d'équipe dans une entreprise de confection textile, les établissements Rault à Saint-Brieuc.

4

La Ville-Bougault

Tant de sacrifices, et Dieu sait pourtant que notre maison n'était pas grande ! Un petit jardin, une petite salle à manger, une petite cuisine et un escalier épouvantablement raide qui menait aux trois chambres de l'étage. Neuf mètres carrés pour les deux filles, neuf mètres carrés pour les garçons, et sans doute pas beaucoup plus pour les parents. Cette chambre de neuf mètres carrés à la Ville-Bougault, je la partagerais avec mon frère jusqu'à mes 19 ans !

Notre maison était caractéristique des logements sociaux de l'époque, mitoyens, à l'horizontale, sur le modèle des maisons ouvrières des villes du Nord. Elle préfigurait les premiers lotissements qui allaient bientôt fleurir ici et là dans l'Hexagone. Enfants, nous jouions avec nos petits voisins dans la rue, sans crainte. Tout le monde se connaissait, la rue devenait un véritable lieu de vie, un terrain de jeu.

Joseph et Anna Roulleau faisaient partie de cette génération qui avait quitté le monde rural pour rejoindre le monde ouvrier, laissant derrière eux la rudesse de la terre pour la sécurité d'un salaire. D'ailleurs, beaucoup de nos oncles et tantes, comme bon nombre de Bretons, se sont exilés pour ces mêmes raisons. L'un partit dans l'est de la France, un autre quitta la Bretagne et rejoignit Paris pour un emploi à la RATP.

Certes, Joseph et Anna n'étaient pas riches, mais, devenant réguliers, leurs revenus leur permirent de prétendre à l'achat de cette maison exiguë dont le jardin fit le bonheur de mon père. Il pouvait y passer des heures ! Il y cultivait méticuleusement, sur quelque cent ou cent cinquante mètres carrés, pas plus, salades, haricots, poireaux ou radis qui venaient ainsi améliorer le quotidien. Notre père était un manuel. Bien que taiseux, il aimait la vie et les choses simples. Si son modeste salaire était chaque mois, tel un rituel, remis dans son intégralité à notre mère pour les besoins de la famille, il gardait pour lui les pourboires qu'il touchait après chaque déménagement. C'était une soupape de liberté qu'il s'octroyait sans avoir de comptes à rendre à personne ; le tiercé, le bistrot avec les copains et le tabac, qui, bien des années plus tard, serait la cause de son cancer du larynx dont il mourrait en 2003, à l'âge de 83 ans.

Cette petite maison qui abrita ma jeunesse et pour laquelle mes parents se saignèrent toute leur vie aux quatre veines, nous l'avons vendue il y a quelques années… pour 92 000 euros. Alors, lorsque je vois des salariés négociant leur départ, pour une raison *x* ou *y*, en exigeant des indemnités de 150 000 ou 200 000 euros, parfois davantage, je ne peux m'empêcher de penser à la piètre valeur de notre maisonnette comparée à la somme de sacrifices et de labeur qu'elle réclama.

Pour nous, la cote de la Ville-Bougault fut en quelque sorte un indice de valeur, un peu comme, pour d'autres, le Dow Jones, sur une autre échelle.

5

Rudesse et rigueur, les deux piliers de mon éducation

Si notre jeunesse ne fut pas pauvre au sens strict du terme, mes sœurs, mon frère et moi fûmes toutefois marqués par l'âpreté du quotidien. En confrontant nos impressions d'enfance afin d'écrire ces lignes au plus près de la vérité, sans tomber ni dans l'angélisme ni dans l'amertume, nous nous sommes rendu compte que nous n'avions pas le même ressenti. Quand je qualifie maman d'aimante, Guy, Mireille et Annie, eux, évoquent une mère présente mais très rude. Il est vrai qu'Anna Roulleau ne souhaitait certainement pas élever quatre enfants. Très croyante et pratiquante, à la différence de son mari, qui ne fréquentait pas les églises, notre mère fondait l'éducation de ses filles et fils sur des valeurs assez rigides. Pour elle, rien ne comptait davantage que le travail. Elle aimait ses enfants, certainement, néanmoins ils représentaient une charge, des bouches à nourrir, et elle n'eut de cesse, après nos années d'école, de pousser sa progéniture dehors. Si Guy bénéficia peut-être de plus de clémence et de pouvoir décisionnaire eu égard à son rang de troisième dans la fratrie, il n'en demeure pas moins que, lorsqu'il décida de passer son bac et de poursuivre ses études, ce fut au grand dam de notre mère. Elle lui reprocha longtemps ce choix, alors même que Guy travailla dur ces années-là pour subvenir à ses besoins.

Malgré cette austérité morale et financière, je pus bénéficier tout de même, pour deux ou trois étés consécutifs, de vacances à Saint-Cast-le-Guildo, cité balnéaire de la Côte d'Émeraude, grâce au patronage de la paroisse Sainte-Thérèse que nous fréquentions et qui y organisait chaque année des colonies de vacances. Ce fut pour moi la découverte de la plage de la Fresnaye et de celle, très escarpée, de la Pissotte. Nous faisions des feux de camp, des randonnées, des jeux de piste. Seul bémol à cet âge (j'étais alors en primaire) : le sentiment d'abandon et de solitude quand, le soir, il me fallait m'endormir dans ce grand dortoir sans la présence réconfortante de ma famille. J'eus toutefois moins de mal à tenir bon que mon jeune frère Guy, qui pleura huit jours durant toutes les larmes de son corps, sans réussir pour autant à convaincre nos parents de revenir le chercher. Rien ne les fit céder. La seule personne sensible à son désarroi fut une de nos tantes, qui, de Lamballe où elle vivait, parcourait les quelque 30 kilomètres qui la séparaient de Saint-Cast pour venir le réconforter en l'approvisionnant en fruits et bonbons dont profitait toute la colonie. Malgré cela, Guy supporta si mal ces vacances forcées que, lorsque les parents

Ma profession de foi, en mai 1962

l'inscrivirent l'année suivante en camp scout, il n'hésita pas à raconter qu'on le battait pour réussir à écourter son séjour.

Si nos parents ne furent jamais très démonstratifs, il faut dire, à leur décharge, qu'eux-mêmes n'avaient jamais connu de gestes de tendresse. N'ayant eu aucun modèle, ils ne savaient pas faire. Cette attitude relativement distante, ils la conservèrent toute leur vie. Ainsi, j'ai le souvenir que, tout jeune Parisien – j'avais décroché un premier emploi après mon BEP –, lorsque je revenais passer le week-end en Bretagne pour retrouver celle qui deviendrait mon épouse quelques années plus tard, autant chez ses parents nous étions accueillis à bras ouverts, autant chez les miens il était préférable d'avertir de notre venue au moins six fois à l'avance. Et nous étions à peine arrivés qu'il aurait été convenable de repartir aussitôt. Cette attitude fut autant le fait de notre père que de notre mère. Le tempérament maniaque de Joseph, dont j'avoue avoir un peu hérité, n'admettait aucun désordre ni aucune fantaisie : il nous fallait être sans cesse sur nos gardes afin de ne rien salir, ne rien déranger. Nos parents étaient ainsi, mais ils nous ont construits.

Pique-nique familial.
De gauche à droite : Anna, Christian, Mireille, Guy, Joseph et Annie

6

Le pensionnat, école de la vie

Je fus bon élève tout au long de ma scolarité – d'un tempérament turbulent, et certainement pénible, mais travailleur, une valeur sans aucun doute transmise très tôt par nos deux parents. Après mes années d'école primaire à Beauvallon, quartier tout proche de notre maison, mes parents décidèrent de me mettre en pension, estimant n'avoir pas suffisamment de temps pour s'occuper de quatre enfants. J'intégrai donc, dès mon entrée en sixième, l'internat du collège Sainte-Thérèse à Plouagat, petite commune à mi-distance entre Saint-Brieuc et Guingamp.

Dans cette école de frères, je vécus, de la sixième à la troisième, des années fabuleuses, dures mais heureuses. Les frères étaient très exigeants, les règles strictes, les sanctions draconiennes. Pourtant, à l'évocation de cette tranche de ma vie d'enfant ne se dégagent plus aujourd'hui que des images joyeuses. Mon tempérament de leader contribua peut-être à me rendre moins sensible à la sévérité du règlement. J'ai manifesté ce côté meneur relativement tôt, dès mes années

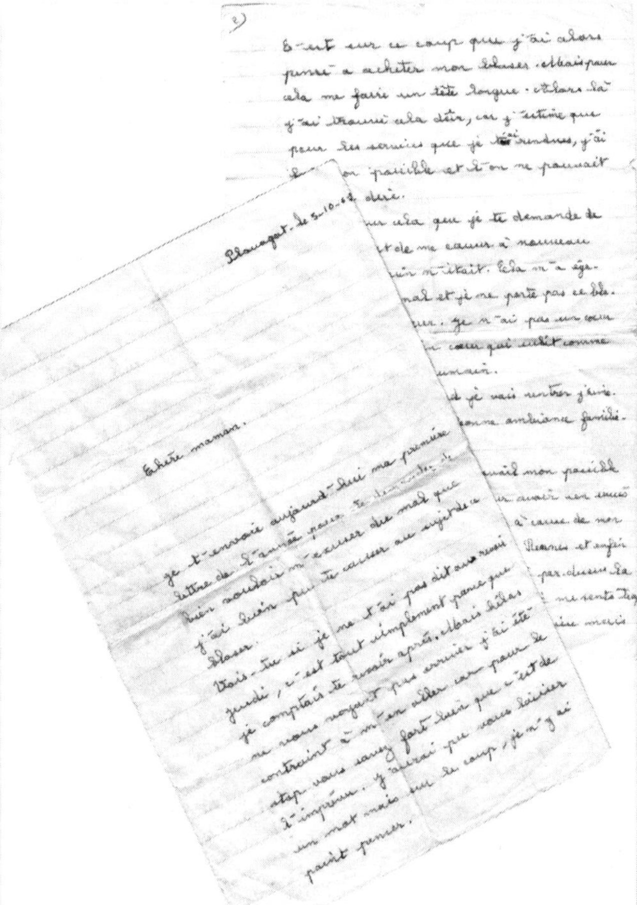

2)
C'est sur ce coup que j'ai alors
pensé à acheter mon blouses. Mais pour
cela me faire une tête longue. Alors là
j'ai trouvé cela dur, car j'estime que
pour les services que je t'ai rendus, j'ai

Plouagat, le 5-10-61

Chère maman.

Je t'envoie aujourd'hui ma première lettre de l'année pour te demander de
bien vouloir m'excuser des mots que
j'ai bien pu te causer au sujet de la
blouse.
Vois-tu si je ne t'ai pas dit au revoir
jeudi, c'est tout simplement parce que
je comptais te revoir après. Mais hélas
ne vous voyant pas arriver j'ai été
contraint d'm'en aller car peur de
être vous sans fort bien que c'est de
l'imprévu. J'aurai que vous laisser
un mot mais sur le coup, je n'y ai
point pensé.

Lettre de pensionnaire adressée à ma mère, en 1961

de primaire. J'étais très fort pour imaginer jeux et bêtises, et pour rallier à moi mes petits camarades. À Plouagat, j'ai réussi, un jour, à convaincre la classe entière d'avancer pupitres et chaises de quelques centimètres chaque fois que le professeur avait le dos tourné, jusqu'à atteindre son bureau ! Et nous reculions de même, chacun jusqu'à sa place initiale, sans que le pauvre bougre ose élever la voix.

Toutes ces années au pensionnat Sainte-Thérèse m'ont forgé le caractère, et aussi beaucoup appris. Malgré mes incartades, j'y ai vite compris ce qu'étaient la rigueur et l'exigence. Ça ne plaisantait guère, les frères n'hésitant pas à nous mettre à genoux sur une marche d'escalier, dans la cour, en plein hiver, ou à nous flanquer une calotte si nous dépassions les bornes. Pourtant, malgré cette discipline, je trouvais nos professeurs relativement bienveillants, notamment un certain abbé Thomas, dont le visage et la haute silhouette restent gravés dans mon esprit. Pour l'époque, il était immense, un mètre quatre-vingt-dix peut-être, toujours en soutane. Ce fut une figure marquante de mes années à Plouagat, un éducateur qui savait transmettre et faire apprécier le savoir, conjuguant dans un juste équilibre sévérité et bienveillance.

L'abbé Thomas enseignait le français et l'anglais, mais il nous ouvrait également au monde qui nous entourait en nous initiant au sport, au chant, au théâtre. Là encore, mon penchant naturel me poussait souvent à vouloir organiser, distribuer les rôles, fédérer. L'humanité de l'abbé Thomas contrastait fortement avec les méthodes musclées du directeur de Sainte-Thérèse, qui était aussi professeur de mathématiques, et dont j'ai oublié le nom. Les gifles qu'il assénait avec une force impressionnante en marquèrent, au propre comme au figuré, plus d'un. Il arrivait à distribuer les taloches sans jamais lâcher sa bible !

La fermeté du règlement s'exprimait notamment le jeudi soir. Les cours se terminaient à 16 h 30. Nous nous rendions ensuite à l'étude jusqu'à 19 heures, puis arrivait le moment fatidique et immuable de la remise des notes de la semaine précédente. Le jeudi soir sonnait ainsi l'heure de la liberté ou de l'embastillage ! Le principe était simple : au-dessus de 16 de moyenne, on quittait l'internat le vendredi soir. Au-dessus de 12, on y restait jusqu'au samedi matin. En dessous de 12, on était consigné tout le week-end au collège. Autant dire que l'angoisse nous vrillait les tripes lorsque approchait la remise des notes. Pourtant, ce protocole du jeudi, quoique fort stressant, m'a rendu solide et m'a insufflé la volonté farouche de travailler dur, de ne pas baisser les bras. Il m'a nourri d'opiniâtreté pour la vie. Ainsi, j'eus souvent la chance, grâce à mes bons résultats, de pouvoir rejoindre Saint-Brieuc dès le vendredi soir – et parfois le samedi matin. Mes parents ne pouvant pas venir me chercher, je quittais Plouagat en auto-stop. Pourrait-on de nos jours imaginer un enfant de 12 ou 14 ans rentrer de l'école chaque semaine en auto-stop ? Le dimanche soir, par contre, c'était mon père ou les parents de mes camarades qui nous raccompagnaient au collège.

Ces années en internat furent donc pour moi, élève volontaire mais très dissipé, une véritable école de la vie. J'y développai un sens aigu du travail, de la rectitude et de la volonté de se dépasser. Malgré le froid des dortoirs, les raviolis que j'avais en horreur, la discipline, le sentiment de tristesse ou d'abandon des débuts lorsque, petit, il fallait affronter cette sensation de solitude que j'avais déjà ressentie lors de mes séjours en colonie de vacances à Saint-Cast, je ressens aujourd'hui presque une nostalgie de ces années à Plouagat.

7

Apprenti déménageur et docker au Légué

C'est un trait de mon caractère : j'ai toujours été courageux et travailleur. J'écris cela, je crois, sans orgueil. Je suis ainsi fait, mon ADN me pousse toujours vers l'effort, vers l'action.

Adolescent déjà, pendant les vacances, tout comme Guy quelques années plus tard, j'aidais mon père dans ses déménagements. C'était non seulement dans le but de gagner quelques sous, mais aussi dans une volonté d'indépendance. Je l'accompagnai à de multiples reprises, profitant des congés scolaires et parfois des week-ends. J'aimais ces moments de proximité avec mon père. Ils n'étaient pas l'occasion d'épanchements verbaux – ni son tempérament ni le mien ne nous y poussait –, mais nous nous sentions bien ensemble. C'était suffisant.

Je me souviens parfaitement de la cabine dans laquelle nous passions des heures à rouler. Notre père y était dans son élément, heureux. Nous étions trois ou quatre dans le camion. Nous partions aux aurores, parfois deux jours pour des déménagements à l'autre bout de la France, en Alsace comme en Provence, dans le Pays basque comme dans les Vosges. Si mon père dormait parfois dans son camion pour faire l'économie des frais versés par l'entreprise Flageul, nous dormions toujours à l'hôtel et déjeunions dans de petits restaurants lorsqu'il m'emmenait dans ses déplacements. Ces moments-là étaient privilégiés, mais le travail était difficile. À l'époque, on transportait tout à dos. Les plateformes que l'on voit aujourd'hui, sortes de monte-charges dont sont équipés les déménageurs, n'existaient pas. On s'esquintait méchamment les vertèbres !

Je fus aussi, à 16 ans, docker pendant un mois au port du Légué. Un mois, ce n'est pas long, pourtant j'en garde un souvenir très précis et extrêmement douloureux. Du matin au soir, nous devions décharger d'une barge de longues lattes de bois et les transporter sur des camions en les levant avec une espèce de gros crochet en acier dont nous étions équipés – les fameux crochets de débardeur. Les lattes étaient si longues, si lourdes ! Malgré mon jeune âge, elles me malmenèrent cruellement le dos. Cette expérience du métier de docker me fit tant souffrir physiquement que je préférai ne pas la réitérer l'année suivante.

Et puis, une fois la journée terminée, il fallait rentrer... et remonter la côte du Légué pour rejoindre Saint-Brieuc ! Les Briochins comprendront aisément de quoi je parle, tant cette montée appelée côte du Gouët, à Plérin, est réputée pour faire mal aux jambes. Heureusement, j'avais une mobylette qui me préserva de douleurs musculaires supplémentaires. Je crois bien que, sans elle, je n'aurais pas trouvé la force de marcher ou de pédaler après tant d'efforts fournis depuis le matin. Autant dire qu'une fois rentré je m'effondrais sur mon lit, tout habillé, chaussures aux pieds, ce qui ne manquait pas de faire hurler ma mère… Mais, foi de débardeur, je n'aurais pu faire un mouvement de plus !

8

« Tu feras un BEP, mon fils »

Mon ardeur au travail et mes bons résultats à l'école ne furent pas pour autant gage de longues et glorieuses études. Mes parents m'orientèrent dès la fin du cycle du collège vers un BEP automatismes. Pourquoi ? Certes, mes parents n'avaient pas les moyens de nous permettre de suivre des études supérieures, mais l'orientation « automatismes » reste mystérieuse. En tout cas, ces deux années de BEP, suivies de deux premiers emplois à Paris, furent les moins heureuses de ma vie, les plus ternes et les plus ennuyeuses. À tel point que je serais aujourd'hui bien incapable de définir clairement ce que l'on entend par « automatismes » ! J'en ai oublié les matières enseignées. Je crois que toutes me rebutaient.

C'est au lycée La Fontaine des Eaux, à Dinan, que je préparai et obtins – je ne sais comment – ce fameux BEP. J'y étais interne, mais le règlement, moins strict qu'au collège Sainte-Thérèse de Plouagat, nous accordait l'autorisation de sortir une fois par semaine. Mes camarades et moi avions l'habitude d'aller dans un bar, toujours le même, le Celtic ;

peut-être existe-t-il toujours ! C'était notre refuge, notre espace de liberté, notre échappatoire pour oublier, le temps d'un verre, l'ennui et les règles du quotidien.

Quoi qu'il en fût, ces deux années sans grand intérêt m'emmenèrent tout naturellement vers le marché du travail. J'avais dix-sept ans, et aujourd'hui encore je m'interroge sur mon état d'esprit de l'époque. Étais-je résigné ou avais-je intégré le fait que ma carrière professionnelle débutait et se poursuivrait immanquablement dans les automatismes ? Je ne saurais dire. C'était « comme ça ». J'étais conscient que mes parents gagnaient peu et je n'avais pas d'idée claire sur le chemin professionnel que je souhaitais emprunter. Peut-être me disais-je : « Pourquoi pas ? » Toutefois, il me semble qu'aujourd'hui encore, à 16, 17 ou 18 ans, il n'est pas aisé de savoir que faire de sa vie.

Je me retrouvai donc salarié à la Sausset, une société industrielle basée à Croissy-sur-Seine, près de Paris, où l'on m'affecta au service de programmation des automatismes. Comme je ne pouvais feindre une grande motivation, on me fit rapidement comprendre qu'il était préférable pour moi de chercher ailleurs. Pour être plus clair, on me congédia. À l'époque, je logeais chez un oncle, un frère de mon père, maraîcher à Croissy. Jusqu'aux années 1970, les cultures maraîchères étaient très développées sur tout le territoire de la commune. On y cultivait poireaux, carottes, salades, panais, oignons… Cette tradition maraîchère est d'ailleurs célébrée aujourd'hui encore avec la fête de la Carotte, qui se tient chaque année en septembre.

Mon oncle m'hébergea gentiment durant mes quelques mois passés à la Sausset, puis, avec mon cousin Pierrick, nous prîmes un appartement en colocation à Paris. Pierrick et moi étions très proches, nous avions passé toute notre enfance ensemble. À Saint-Brieuc, nous habitions à un kilomètre l'un de l'autre et partagions tous nos jeux. Malheureusement, une fois adulte, malgré plusieurs tentatives, je n'ai jamais revu Pierrick. Penser à tout ce que l'on a partagé et voir l'histoire s'arrêter d'un coup m'attriste encore aujourd'hui.

Mon cousin travaillait à la Banque de France. De mon côté, ayant répondu à une offre, je démarrais une deuxième expérience, chez Alstom, avenue Kléber. Travaillant sur un projet de cabine du TGV, je m'ennuyais ferme, là encore, sur ma planche à dessin. Du matin au soir, je devais reproduire différents systèmes d'essuie-glace. Passionnant ! Les journées me paraissaient interminables. Pour être franc, j'ai sûrement travaillé sur autre chose que sur des essuie-glaces, mais les mauvais souvenirs sont parfois tenaces. Et que dire de Paris ? La Ville Lumière était bien loin de m'éblouir. Je n'avais qu'une idée en tête : retrouver ma Bretagne. Alors, chaque week-end, je rentrais à Saint-Brieuc.

Mais nous n'avions pas l'habitude de raconter notre vie en famille. Mes parents ne posaient pas de questions et je ne leur demandais rien non plus. Finalement, j'étais taiseux comme mon père et, à 18-19 ans, on se préoccupe assez peu de la vie de ses parents. Bref, nous n'avions que de maigres échanges, je n'étais pas heureux mais je ne le formulais pas. Je vivais, point.

Alors, quand sonna l'heure de servir le pays, ce fut sans aucun regret, et même avec soulagement, que je tournai la page de ma courte expérience dans les automatismes. Je décidai de prendre mon destin en main et de laisser la Sausset et Alstom derrière moi une bonne fois pour toutes. Je ne savais pas encore où aller précisément, mais une chose était sûre et certaine : je savais ce que je ne voulais plus faire.

9

Cognac, armée et prospectus

C'est en 1970 – j'avais alors 19 ans – qu'à la suite des deux jours de sélection passés à Rennes je fus envoyé à Cognac, dans le département de la Charente, pour effectuer mes douze mois de service national. Là, j'intégrai la base aérienne de Cognac-Châteaubernard, la BA 709, où l'on m'assigna, à mon grand étonnement, un poste au service santé. Affectation pour le moins surprenante, compte tenu de ma formation quelque peu éloignée de ce domaine. Si ces douze mois dans l'Armée de l'air m'apprirent à manipuler une seringue et à piquer dans un muscle à peu près correctement, nos journées s'écoulaient le plus souvent sans la moindre activité. Nous ne faisions rien ! Mais cette vacuité des heures fut somme toute salutaire, puisqu'elle provoqua chez moi le premier déclic annonciateur de ce qui allait devenir, quelques années plus tard, mon « orientation » professionnelle avec ce besoin récurrent de créer, de concrétiser sans cesse des projets.

Si nos journées étaient vides, peut-être pouvions-nous trouver quelque chose pour occuper nos nuits ? Rien dans le règlement militaire n'interdisait aux jeunes appelés de travailler, or l'un de mes camarades avait une voiture. Entre Cognac, Saintes et Angoulême, je trouverais forcément du travail. En effet, une personne cherchait quelqu'un pour distribuer des prospectus. Très vite, je mis en place une organisation minutieuse pour une distribution efficace et rentable de réclames et de tracts publicitaires. Nous avions le véhicule, la personne nous fournissait les volumes nécessaires, nous étions deux ou trois volontaires, suffisamment pour charger le coffre de la voiture et aller remplir les boîtes aux lettres. Trois soirs par semaine, nous quittions la base aérienne vers 18 heures et ne rentrions que vers 2 ou 3 heures du matin, après avoir sillonné la région une bonne partie de la nuit en inondant Cognac, Saintes et Angoulême d'annonces et de publicités en tous genres. Voilà comment je fis mes premiers pas d'entrepreneur.

Nous étions rémunérés – de la main à la main, pour tout dire – en fonction des volumes distribués ; notre motivation était donc forte. Nous étions jeunes et insouciants, pas au point cependant de prendre le risque de ne pas atteindre le volume escompté. Alors, à la fin de la tournée, la fatigue aidant, il nous arrivait de disperser dans les rues le surplus de prospectus pour remplir notre quota d'exemplaires distribués. À l'époque, nous n'avions pas franchement la fibre écologique et le respect de l'environnement nous préoccupait assez peu.

J'avais la niaque. Je trouvais enfin ce qui m'avait manqué durant les trois années précédentes. Malgré mon jeune âge, je ressentais ce besoin de foncer, de créer, de me projeter dans le travail. Et aussi de gagner l'argent qui m'avait si souvent manqué. Mais ce n'était pas mon principal moteur, et c'est encore vrai aujourd'hui. J'aimais l'argent pour l'indépendance qu'il m'offrait. Bien sûr, je n'avais pas encore trouvé ma voie, mais j'assouvissais enfin cette envie d'entreprendre.

Nous rentrions donc exténués à la BA 709, sachant pertinemment que nous pourrions vite récupérer en nous reposant toute la journée. Ce n'étaient pas les quelques piquouses que j'allais infliger à de malheureux bidasses qui allaient absorber mon énergie pour la tournée suivante. De la réserve, j'en avais!

10

Mes nuits à la Chaum'inn

Mon travail ne s'arrêtait pas aux portes de la Charente puisque le week-end m'attendait une tout autre activité que j'exerçais chaque samedi soir... en Bretagne. Je quittais Cognac invariablement le vendredi en fin d'après-midi, en auto-stop, et parcourais les quelque 600 kilomètres qui me séparaient de ma famille, mais aussi et surtout de celle dont j'étais amoureux et qui deviendrait ma première épouse et la mère de mes deux filles. Mon retour prenait des heures. Il fallait passer par Saintes, Nantes, Rennes, un voyage au long cours pour enfin rejoindre Saint-Brieuc tard dans la nuit. Il faut dire que, outre le travail, j'étais armé de deux fortes motivations pour parcourir tous ces kilomètres : mon amoureuse et ma Bretagne !

Arrivé chez mes parents, je m'effondrais pour ne me réveiller que vers midi. Me restaient alors quelques heures de liberté avant de rejoindre, vers 19 heures le samedi soir, l'une des grandes discothèques bretonnes des années 1970, la Chaum'inn, située au port du Légué à Saint-Brieuc et

La Chaum'inn, une institution des nuits briochines!

dont le propriétaire, Gilles Nouvel, était – et est toujours – un grand ami. Il me rejoindrait bien des années plus tard chez Samsic, après des déboires professionnels comme on en rencontre souvent dans une vie. Ce sera un juste retour des choses. Il m'avait tendu la main lorsque, adolescent puis jeune militaire, j'étais à la recherche de travail ; je lui tendis à mon tour la mienne lorsqu'il rencontra des difficultés.

Je connaissais déjà bien la Chaum'inn pour y avoir fait régulièrement des extras le samedi soir, parfois même au retour d'un déménagement, si j'arrivais suffisamment tôt pour y prendre mon service vers 20 heures. La Chaum'inn, une institution briochine ! Le samedi, de 21 h 30 à 4 heures du matin, le lieu ne désemplissait pas. À la fermeture, nous étions littéralement « rincés » par la foule, la musique, le bruit, le service, la chaleur ! Chaque samedi durant toute la durée de mon service militaire, j'y fis donc de nouveau office de serveur, videur et homme de ménage lorsqu'au petit matin les derniers clients désertaient les lieux.

Mon amie, Marylène, et Thérèse, la jeune épouse de Gilles, nous rejoignaient souvent pour nous aider à tout nettoyer, tout ranger, et nous clôturions la nuit en dînant tous les quatre sur un coin de table. Résultat : nous n'étions pas couchés avant 8 ou 9 heures du matin. J'émergeais en début d'après-midi le dimanche afin que mes parents puissent profiter un peu de ma présence, mais, dès 18 heures, il me fallait repartir, cette fois en train, direction Bordeaux. Marylène me prêtait parfois sa 2 CV pour rentrer à Cognac, et je m'en servais là-bas pour distribuer les prospectus.

Le rythme était soutenu, mais qu'importe ! J'étais jeune, volontaire, et rien ne m'aurait effrayé davantage que de paisibles et mornes heures. Des kilomètres, j'aurais pu en avaler encore bien davantage !

11

Une rencontre déterminante

C'est lors de l'un de ces fameux retours en stop, le vendredi soir de Cognac à Saint-Brieuc, que je fis la rencontre qui changea le cours de ma vie.

Une fois à Nantes, je trouvais toujours un bon samaritain qui me déposait à la sortie de la ville à l'endroit le plus approprié pour trouver rapidement un nouveau chauffeur afin de rejoindre Rennes. Il était tard ce soir-là, un automobiliste s'arrêta et nous fîmes la route jusqu'à Rennes en discutant avec entrain pendant toute la durée du trajet. J'avais une vingtaine d'années, il devait en avoir le double. Je lui parlai de moi, de ma vie. Il m'interrogea sur mon parcours encore bien maigre, mais il vit sans doute l'audace et l'opiniâtreté d'un battant lorsque je lui racontai la création de ma petite affaire de distribution de journaux et prospectus.

De son côté, il m'expliqua qu'il était l'un des dirigeants de l'entreprise de propreté GSF (pour Groupe Services France) – ce qui ne me disait strictement rien – et, puisque je voulais revenir travailler en Bretagne après mon passage dans l'armée, il me remit sa carte de visite en me conseillant de le rappeler sans faute à la fin de mes douze mois de service militaire. Il aurait peut-être quelque chose à me proposer. Et nous en restâmes là.

Le cours de ma vie se poursuivit alors entre la Bretagne et Cognac, la Chaum'inn et la BA 709, la distribution de prospectus la nuit et les piqûres infligées ici et là, le jour, au service santé des armées, les allers-retours en stop ou en train et les multiples interrogations qui commençaient à inonder mon esprit au sujet de mon avenir professionnel. Je savais d'où je venais, ce que je ne voulais pas ou plus faire, je mesurais aussi ma force de travail. J'étais confiant, sans toutefois trop savoir ce que serait demain.

Les hasards de la vie font parfois bien les choses, et une trajectoire peut ainsi se tracer dans un sens ou dans un autre parce qu'une personne, à un instant t, a eu d'emblée confiance en vous l'espace d'une petite heure et demie de route ! J'avais conservé précieusement la carte de M. Guerlin, l'homme providentiel qui, quelques mois après notre voyage entre Nantes et Rennes, accueillit mon appel avec chaleur, se souvenant précisément de notre rencontre, de nos échanges et de sa proposition. Il tint tant et si bien parole que, le 12 décembre 1972, j'étais embauché chez GSF.

Au cours d'une vie, des opportunités s'offrent à nous, que l'on choisit de saisir ou pas. Des chemins, tout droits ou de traverse, se présentent. On peut les suivre, on peut s'y perdre aussi. Raisonnablement, rêve-t-on à 20 ans de travailler dans le nettoyage industriel ? Pas exactement. Rien ne me prédestinait, cela va de soi, à emprunter cette voie, mais l'occasion était belle de relever un nouveau défi. M. Guerlin aurait tout aussi bien pu diriger une entreprise de matériel agricole, d'emballages, de biotechnologies ou d'agroalimentaire, je voulais découvrir le monde en général et celui de l'entreprise en particulier. Alors, pourquoi pas la propreté ?

Et voilà ! Une page se tournait. Ma nouvelle vie commençait.

12

Les années GSF : jeune leader deviendra grand

Groupe Services France, aujourd'hui l'un des leaders français de la propreté – *cleaning* –, évolue dans un domaine d'activité dont, en 1972, j'ignorais tout. J'intégrai l'équipe de l'établissement de Rennes, rue d'Inkermann, en qualité d'inspecteur. Des années plus tard, en créant Samsic, je nommerais cette même fonction « animateur de secteur », appellation de mon point de vue plus parlante.

À l'époque, dans le métier de la propreté, il existait en France près de 15 000 entreprises, toutes tailles confondues, sachant que les dix premières assuraient 80 % du volume d'affaires. Et c'est encore vrai aujourd'hui. En 1972, GSF était déjà l'un des acteurs majeurs de la propreté dans l'Hexagone. J'étais donc très fier d'entrer dans cette entreprise.

À Rennes, un chef d'établissement chapeautait un directeur technique, appelé aussi responsable d'exploitation, et trois ou quatre inspecteurs. J'étais de ceux-là. Nous couvrions la zone de Rennes, Fougères, Saint-Brieuc et Saint-Malo. Ma mission consistait à gérer les équipes assurant le nettoyage, par exemple, d'un grand centre commercial comme Carrefour à Rennes ou du marché aux bestiaux de l'Aumaillerie, à Fougères, qui avait été inauguré deux ans plus tôt, en 1970. Il faut savoir qu'au début des années 1980 l'Aumaillerie était devenu le plus important marché aux bestiaux d'Europe : jusqu'à 7 000 bovins y étaient exposés et négociés chaque semaine.

Mon travail consistait à animer et contrôler les équipes. Je procédais aux embauches, mais ma tâche était bien difficile, ayant à gérer des personnes souvent compliquées, parfois très défavorisées, n'ayant pas toujours pu ou su assimiler les contraintes d'un travail régulier et ponctuel. On ne choisissait pas, évidemment, les mêmes profils pour nettoyer les allées d'un centre commercial et les stalles des enclos d'un marché à bestiaux de 25 000 mètres carrés. Imaginez l'ampleur de la tâche après le passage de milliers de bovins ! Il me fallait orchestrer le travail d'une centaine de salariés éparpillés sur les différents sites clients.

Je ne connaissais pas ce secteur d'activité, mais je m'accrochais. Je mesurais ma chance d'être de retour en Bretagne, près de Marylène, et d'avoir un travail. Ma détermination et mon courage étaient à la hauteur du défi à relever : réussir à m'imposer dans un métier totalement nouveau. L'absentéisme était un phénomène récurrent et, lorsqu'une personne manquait à l'appel, il n'y avait qu'une solution : s'atteler à la tâche et aider au nettoyage. Manier seau et serpillière ne m'a jamais effrayé. Je ne compte pas le nombre de fois où j'ai dû, au même titre que mes équipes, chez GSF comme chez Samsic, me retrousser les manches pour que tel site soit rendu propre en temps et en heure.

Au début, pour tout dire, je mettais mon ardeur et ma détermination dans un métier qui ne m'enthousiasmait guère. Sans formation spécifique, il me fallait trouver le juste équilibre entre un travail bien fait et un budget draconien imposé par le responsable d'établissement. L'équation n'était jamais simple à résoudre. Très vite, je compris que la réussite, dans les métiers de services, est liée à la qualité des hommes et des femmes que vous embauchez. « Les bonnes personnes au bon endroit » devint mon leitmotiv. À l'époque, j'avais une sainte horreur des commerciaux qui vendaient les prestations de GSF sans mesurer la difficulté de ceux qui en avaient la charge d'exécution. Ma mission était donc totale et relevait presque de la quadrature du cercle : respecter un cahier des charges strict pour chaque intervention, avec des moyens limités, en recrutant à bon escient. Tout pouvait partir en vrille très vite si vous ne réussissiez pas à maîtriser ces trois paramètres.

Pour éviter les écueils – absentéisme, travail bâclé, ligne budgétaire dépassée –, je pris soin de choisir avec discernement le meilleur chef d'équipe pour chaque chantier et de confier à chacun une équipe ayant le sens du travail bien fait. Et le résultat fut à la hauteur, peut-être pas de mes espérances, mais de l'énergie déployée pour aboutir à une organisation plus harmonieuse. Un premier pas était franchi vers plus de responsabilités au sein de GSF.

13

Le pied à l'étrier

Le pli était pris. Petit à petit, je prenais goût à mon quotidien, d'autant qu'on me demanda rapidement de prendre part aux décisions du chef d'établissement, ce qui me conforta dans ma volonté de m'impliquer durablement dans ce secteur d'activité. Je dus me battre pour imposer ma vision du juste équilibre entre la prestation et le prix, car, très vite, je remarquai que la priorité était souvent donnée au savoir-vendre plutôt qu'au savoir-faire. Ce sera d'ailleurs, des années plus tard, la quête incessante de complémentarité entre ces deux objectifs qui fera, dès sa création, le succès de Samsic.

À mon arrivée chez GSF, si quelques entreprises commençaient à sous-traiter certaines activités qui ne faisaient pas partie de leur cœur de métier, beaucoup continuaient néanmoins à tout assurer en interne. L'exemple de la Banque Populaire m'avait frappé à mes débuts. Certes, ses salariés étaient pour la plupart banquiers, mais elle employait aussi des menuisiers, des électriciens, des femmes de ménage, des peintres. Tout était traité au sein même de la société. De mon point de vue, déjà, c'était ce qu'il ne fallait surtout pas faire. J'eus donc à cœur de développer cette notion de sous-traitance et de promouvoir l'adage « On ne fait bien que ce que l'on sait faire ». Car je pressentais que, tôt ou tard, toutes les entreprises, commerciales et industrielles, s'orienteraient vers la sous-traitance des tâches qui ne constituent pas le fondement de leur métier. À ce moment-là, ma réflexion concernait bien sûr la sous-traitance de la seule propreté, puisque cela était – et resterait – l'unique activité de GSF.

En attendant, mes services étaient si bien appréciés que, quatre ans après mon entrée chez GSF, j'étais nommé chef d'établissement à Rennes. Nous étions en 1976. Entre-temps, Marylène et moi nous étions mariés et notre premier enfant, Mélanie, avait tout juste un an. Je ne ralentis pourtant en rien mon rythme de travail. À mes yeux, le temps n'était pas une règle à respecter : je travaillais du matin au soir et du soir au matin ! D'abord salariée à la Banque Populaire de Saint-Brieuc, Marylène avait obtenu rapidement, grâce à mes contacts chez GSF, un poste au Crédit Agricole à Rennes.

Quand naquit notre deuxième fille, Cécile, en décembre 1978, j'avais 27 ans. La situation se compliqua alors quelque peu, car le groupe me proposa la direction de la région Est ! Je passai donc de responsable d'établissement à Rennes à directeur en Alsace-Lorraine. J'acceptai cette formidable opportunité en prenant toutefois la décision, avec Marylène, de ne pas déménager. Elle conserverait ainsi son emploi à Rennes et s'occuperait de nos deux filles, l'aînée alors âgée de trois ans seulement, et la seconde, de quelques mois.

Chaque lundi, je partais vers 4 heures du matin en voiture pour rejoindre Strasbourg, Nancy, Metz ou Mulhouse, et ne rentrais en Bretagne que le vendredi soir, très tard. C'était un pari osé, mais je le tins. Au détriment de ma famille ? Certainement. Mais j'étais ainsi fait. Des regrets, je n'en formule pas vraiment, pour la simple et bonne raison que nous tenions chacun notre rôle. Si je n'avais pas été ce travailleur acharné, l'histoire ne se serait pas écrite de la même façon et le projet Samsic n'aurait été qu'une illusion. Mais ce besoin d'entreprendre était là, ancré. Il se manifestait déjà au quotidien dans mes prises de décision chez GSF, et se matérialiserait plus tard quand germerait l'idée d'aller plus loin, de voler de mes propres ailes, d'élargir la notion de services aux entreprises. Mais n'allons pas trop vite ! Il me restait encore beaucoup à apprendre, à expérimenter.

Mes armes, je les fis avec quelqu'un qui, du 13 décembre 1972, soit le lendemain de mon arrivée chez GSF, jusqu'au mois de mars 2020, m'accompagnerait tout au long de mon parcours, soit près de cinquante ans de collaboration quotidienne. Me raconter sans évoquer Gérard Jicquel, puisque c'est de lui qu'il s'agit, serait un non-sens.

Hasard ? Destin ? Peu importe. Sitôt embauché chez GSF, je fus, dès le lendemain, confronté à des difficultés. L'équipe affectée au nettoyage du centre commercial Carrefour-Alma, au sud de Rennes, était incomplète. Absentéisme, maladie, je connaissais bien ces problèmes. Coup de chance, un jeune homme, encore lycéen, se présenta ce jour-là parmi d'autres pour se faire embaucher. Il s'appelait Gérard Jicquel.

Celui-là même qui, des années plus tard, allait devenir directeur général du groupe Samsic !

Ce jour de décembre 1972 est à marquer d'une pierre blanche, car j'eus l'intuition que mon choix était le bon lorsque je décidai de recruter, dans l'urgence, ce jeune homme en tant qu'ouvrier nettoyeur pour faire face à cette pénurie imprévue de main-d'œuvre. Je constatai, dès son embauche, que Gérard Jicquel ne rechignait pas à la tâche. C'était un bosseur hors pair ! Tant et si bien que, dès que je fus promu chef d'établissement à Rennes, je le nommai inspecteur. Sa rigueur, son exigence, sa capacité de travail correspondaient bien à mon tempérament, et je savais que ces qualités lui permettraient de gravir rapidement les échelons.

14

L'émergence d'un grand projet

Lors de mes débuts chez GSF, le siège social de l'entreprise se situait à Paris, rue de Trévise, dans le IXe arrondissement. Mais, en 1978, le groupe transféra son siège à Antibes, au cœur de la technopole Sophia Antipolis. Les kilomètres à parcourir se multiplièrent d'autant. Il n'était pas aisé, dans ces conditions, de préserver une vie de famille harmonieuse. Mes filles m'ont d'ailleurs reproché parfois de n'avoir pas été présent, ni acteur de leur éducation. Ce à quoi je leur ai toujours répondu que, si mon parcours était atypique, le leur, par la force des choses, le devenait aussi. En effet, au fur et à mesure des années et de la progression de mes ambitions professionnelles, j'élargissais grandement le champ des possibles pour mes enfants. Alors, certes, s'investir de façon radicale implique, de part et d'autre, des sacrifices, consentis ou subis, mais ouvre aussi bien des perspectives.

Quatre années s'écoulèrent donc pour moi au poste de directeur de la région Alsace-Lorraine, puis, en 1982, on me propulsa à la direction nationale de GSF : je devenais numéro 3 du groupe, avec la charge de la moitié du territoire et la supervision de tous les services formation de GSF. Malgré une pression terrible de ma hiérarchie pour m'inciter à m'installer à Antibes, je décidai de rester fidèle à ma Bretagne. Je devins alors, pour plusieurs années, le premier client de l'aéroport de Rennes, toujours dans un avion !

Mon ambition était grande de réussir, bien sûr, mais surtout de développer sans cesse de nouveaux projets. Ce n'était pas, et ce n'est toujours pas, l'argent qui me fait avancer, ce sont les projets. Ressentir chaque matin le besoin de me lever avec une idée neuve, un objectif en tête. On m'a souvent demandé si cette énergie que je mets dans le travail, cette volonté d'aller toujours plus loin sont liées à mon enfance, au manque de moyens de mes parents. Je n'ai pas de réponse à ces interrogations. Je crois que c'est en moi. Ma sœur aînée m'a dit un jour : « Dès que tu as eu 14 ans, ton obsession était d'aller gagner trois francs six sous. » Peut-être a-t-elle raison. Quand on n'a rien, quand on voit sa mère contrainte d'attendre le jour de paie de son époux pour aller à la boucherie, alors oui, le besoin d'argent doit sans doute déclencher un certain nombre de réflexes. Mon frère Guy, de son côté, explique : « On a tous été marqués par notre enfance on ne peut plus modeste, mais Christian avait quelque chose en lui, dans ses gènes, que nous n'avions pas : son ambition, ses capacités à "pousser la machine". »

Indéniablement, GSF m'a beaucoup appris, m'a formé au métier de la propreté, m'a ouvert au management, m'a confié de lourdes responsabilités opérationnelles. Mais je voulais davantage. Deux ans après ma nomination à la direction nationale, je commençais à me poser des questions, à me dire que je ne pourrais pas rester numéro 3 toute ma vie. L'envie de créer devenait de plus en plus forte. Et puis, je ne partageais plus tout à fait la philosophie du groupe qui, lorsque je suis parti, comptait près de 8000 salariés. Il restait accroché à un mono-métier : la propreté. Moi, j'avais en tête que le monde industriel et commercial aurait tôt ou tard une multitude de besoins qu'il faudrait satisfaire. Le « facility management » ne s'arrêtait pas au nettoyage des bâtiments ; il me fallait aller plus loin, beaucoup plus loin.

Peu à peu, ma réflexion prenait corps. Mon postulat se résumait en un mot : la différenciation. Comment se distinguer des quelque 15000 autres entreprises du secteur ? Comment inciter les sociétés à externaliser davantage de tâches ? Il fallait non seulement savoir vendre – ce que faisait très bien GSF –, mais il fallait conjointement savoir faire. Et, j'en étais convaincu, ce n'était pas le cas chez GSF. Et puis, le groupe avait choisi de ne pas adhérer à la Fédération des entreprises de propreté. C'était à mon avis une grossière erreur, car ce sont bien les rapports que l'on entretient avec les différents acteurs d'une même branche – syndicats, entreprises… – qui construisent l'avenir d'une profession, qui délimitent un cadre juridique et social, qui servent à établir de bonnes pratiques. Jean-Louis Noisiez, le fondateur et dirigeant de GSF, persistait dans cette voie : critiquer les orientations et surtout ne pas être acteur. Aucune fédération ne trouvait grâce à ses yeux. Cela me déplaisait et ne correspondait plus fondamentalement à la vision d'avenir que j'échafaudais. Sans doute tout cela m'arrangeait-il, confortant mon projet, faisant mûrir ma réflexion et rendant mon départ chaque jour un peu plus inéluctable.

Je crois pouvoir affirmer néanmoins que, tout en étant dans l'anticipation de mon projet, j'aurai tout donné à GSF, jusqu'au dernier jour. La seule « déloyauté » à l'égard de l'entreprise qui m'avait formé fut de ne pas partager mes idées sur ce qui représentait, à mes yeux, une véritable stratégie de développement : sortir d'un mono-métier, se différencier de la concurrence, élargir les frontières.

DEUXIÈME PARTIE

L'AVENTURE SAMSIC

15

Savoir s'entourer

Je suis intimement convaincu que l'expérience est absolument nécessaire pour se lancer dans un projet de création. Chez GSF, j'ai grandi. J'ai appris. Compris. Travaillé. Énormément travaillé. En 1986, j'étais prêt à franchir le pas. Marylène, mon épouse, était dans la confidence et m'accompagnait dans ma réflexion. Elle nous assurait la sécurité d'un salaire. Nous pouvions ainsi nous engager plus sereinement dans l'aventure. Et puis, bien sûr, je pouvais compter sur Gérard Jicquel, le compagnon de travail des années GSF, à qui j'avais très tôt proposé de me suivre.

Toute la réflexion stratégique reposait sur les fameux « dire » et « faire ». Si nous voulions réussir, il nous fallait vendre des prestations que nous exécuterions à la lettre. Samsic, qui n'avait alors pas encore d'identité – nous trouverions le nom un peu plus tard, à savoir Société d'application pour la maintenance des surfaces industrielles et commerciales –, devait se démarquer. Par la qualité de ses services, par la compétence des femmes et des hommes qui acceptaient de s'engager avec moi sur le chemin de la création, par la confiance des banquiers que nous devions impérativement gagner au plus vite. Les obstacles étaient nombreux, les enjeux aussi. Aller au-delà de ce qu'offraient nos concurrents était notre mot d'ordre.

Outre Gérard Jicquel, j'avais convaincu trois autres personnes de m'accompagner dans mon projet, toutes issues de GSF et très complémentaires. Je leur proposai d'entrer au capital de la future entité Samsic. Fabrice Drouillard était directeur de la région Ouest chez GSF, Patrick Dubos avait en charge la direction de la Normandie et Marie-Aline Presse occupait le poste d'assistante commerciale. Si tous étaient motivés et très efficaces, je qualifierais Marie-Aline Presse de redoutable! Elle pouvait travailler jour et nuit, ou presque, s'investissait sans réserve dans toutes les responsabilités de back-office. J'estimais nécessaire que ces compagnons de la première heure fussent intégrés au capital. J'en prenais seulement 51 % et leur proposais de répartir les 49 % en fonction de la place de chacun dans la structure. Si ces associés sont partis au fil du temps, ils ont été largement récompensés et ont quitté Samsic en empochant chacun une coquette somme, prix du travail, de l'engagement et du risque.

Le groupe GSF vécut mon départ, mais aussi le fait de débaucher quelques-unes de ses compétences, comme une forme de trahison. Et m'en tint si bien rigueur qu'il alla jusqu'à engager un détective privé que j'eus à mes trousses du matin au soir plusieurs mois durant! Sans doute voulait-il s'assurer que je ne pratiquais pas de concurrence déloyale ou que je ne tentais pas d'attirer ses clients dans mes filets. Ce que je pris grand soin de ne jamais faire.

Savoir s'entourer, c'est aussi faire appel à des compétences extérieures qui vont vous guider dans la construction de votre projet puis, au fil des ans, dans le développement de votre société. Le groupe Samsic doit énormément à l'avocat fiscaliste Christian Pitron, parti trop tôt, à l'âge de 69 ans. Réputé et respecté pour ses grandes qualités humaines et professionnelles, c'est lui qui, de 1986 jusqu'à sa disparition en 2016, a élaboré toutes les orientations fiscales de Samsic. Disponible à toute heure du jour et de la nuit, il nous conseillait avec brio sur les évolutions, les croissances externes, les implantations à l'international. Une relation de confiance de près de trente ans qui a marqué de son empreinte l'histoire de Samsic.

Team de choc

Dans le groupe Accor, le duo Gérard Pélisson-Paul Dubrule fit des merveilles, tout comme il y eut, chez Elior, dans le secteur de la restauration, le tandem Francis Markus-Robert Zolade. Eh bien, chez GSF puis Samsic, le duo que Gérard Jicquel et moi-même avons formé pendant quarante-huit ans a indéniablement bien fonctionné. Ce « contre-pouvoir permanent », définition que les fondateurs d'Accor donnaient à leur étroite collaboration, reflète parfaitement notre complémentarité. Gérard Pélisson disait aussi : « À deux, on pratique le consensus au bénéfice de la meilleure décision. » Cela s'est avéré incontestable en ce qui nous concerne, car, même si l'arbitrage final m'appartenait en tant que fondateur et dirigeant, cette concordance, cette juste répartition des tâches et des responsabilités ont été, à n'en pas douter, les gages d'une grande cohérence et, pour moi, d'une plus haute qualité de décision.

À propos de cette force de travail qui nous caractérisait, j'ai parfois des flashs, quatre décennies plus tard ; moi, quittant nos premiers bureaux vers 23 heures, minuit parfois, laissant Gérard Jicquel encore à sa tâche pour, de retour le lendemain matin, à 7 heures, le retrouver installé au même endroit, penché sur ses dossiers : il n'avait pas quitté les lieux de la nuit entière !

Nos chemins se sont séparés en 2020, mais je n'ai jamais eu la mémoire courte, je sais ce que le groupe lui doit. Sans lui, Samsic ne serait pas ce qu'il est aujourd'hui. Je précise toutefois que, si nos années communes de travail ont toujours été empreintes de respect, la fin de l'histoire, entachée de rancœur, n'est pas celle dont j'aurais rêvé.

À chaque médaille, son revers

Je suis contraint de faire ici un saut en avant, car je ne peux occulter, vis-à-vis d'un grand nombre de mes collaborateurs, le côté parfois déroutant de la nature humaine. Beaucoup m'en voudraient de ne pas évoquer la fin de l'histoire avec Gérard Jicquel, tant les blesse le chemin emprunté aujourd'hui par ce compagnon de travail de longue date.

Gérard Jicquel a quitté le groupe en mars 2020, vivant relativement mal, sûrement, sa sortie du capital de l'entreprise. Mais la stratégie familiale l'exigeait, et je crois pouvoir dire que je n'ai pas été chiche, que sa longue collaboration a été fort largement récompensée. Par dépit peut-être, il se place aujourd'hui frontalement sur notre terrain, rachetant des entreprises de propreté, à Paris, à Rennes, se posant ainsi directement en concurrent du groupe. Beaucoup chez Samsic vivent cela comme une trahison. Par respect pour tout ce que nous avons fait ensemble, pour les collaborateurs, il aurait été noble de sa part de poursuivre sa route sans tenter de faire ombrage au groupe Samsic et à ses équipes.

Enfin, dernière précision : Gérard Jicquel n'a jamais été cofondateur du groupe, comme certains journaux l'écrivent. Je lui ai demandé de me suivre, il a accepté. Il était mon bras droit, mais j'étais seul fondateur et président de Samsic.

J'aurais aimé que l'aventure prenne fin dignement pour ne garder en mémoire de nos années communes de travail que les obstacles franchis ensemble, les réussites, les crises surmontées, les milliers d'emplois créés, toutes ces marches gravies qui ont mené le groupe à l'international…

Mais revenons au début de l'histoire.

16

Au commencement, imaginer un nom

Comment choisit-on une identité, un logo, une marque qui vous différenciera et vous ouvrira plus aisément, et plus largement, les marchés ? Il était fondamental que nous réfléchissions posément – et intensément – au nom qui allait véhiculer l'image de notre savoir-faire mais aussi nos ambitions pour l'avenir. Sachant précisément ce que nous voulions développer dans le présent et dans le futur, une certitude était acquise : nous ne voulions pas être identifiés sur la seule notion de « propreté ».

Une journée entière, nous avons planché sur ce fameux nom qui allait accompagner notre croissance. J'avais compris que, si étrange que cela puisse paraître, il ne fallait pas, lorsque je m'exprimais lors d'un premier contact avec de potentiels clients, que ceux-ci sachent ce que nous faisions réellement. Je m'explique. Dans le secteur de la propreté, en 1986 déjà, la concurrence, était rude. Si nous choisissions une raison sociale de type « Prop'industrie », « Nett'entreprise » ou toute autre appellation affichant clairement la nature de nos prestations, nous nous fermions à coup sûr les portes de moult sociétés qui, soit avaient déjà recours au service d'une entreprise concurrente, soit assuraient le nettoyage de leurs bâtiments en interne. Il nous fallait donc rester suffisamment vagues pour éveiller la curiosité tout en énonçant avec assez de clarté ce que nous avions à proposer.

Ce premier postulat posé, le *S*, pour « société », s'imposa d'emblée. Deuxième axiome : qu'allait faire cette société ? De la mise en œuvre. Soit, mais, une voyelle étant préférable, on opta pour le *A* d'« application ». Troisième paramètre : de quelle mise en œuvre parlions-nous ? Le mot « maintenance » s'appliquait parfaitement à cette différenciation que nous voulions atteindre, le terme englobant la propreté et, plus largement, tout un panel de métiers de services. Nous étions donc d'accord sur le *S*, le *A* et le *M*. Il nous fallait être plus précis. Quelle maintenance proposions-nous ? Celle des « surfaces, industrielles et commerciales ». Samsic prenait corps.

Dorénavant, lors de mes premières prises de rendez-vous commerciaux, puisque tel était mon rôle au commencement de l'aventure, je pouvais me targuer de savoir parfaitement « noyer le poisson » et, ainsi, passer avec succès le barrage de l'accueil téléphonique des entreprises prospectées. Lorsque je demandais à parler à Monsieur X ou Madame Y « de la part de Christian Roulleau, directeur de la Société d'application pour la maintenance des surfaces industrielles et commerciales », la pauvre malheureuse au standard ne pouvait décemment pas me faire répéter x fois, au risque de paraître mal informée ou incompétente. Résultat, j'étais rapidement mis en contact avec l'interlocuteur *ad hoc*. Et le tour était joué ! Je pouvais passer à l'étape suivante : la rencontre pour présenter et vendre nos services en m'appuyant sur un outil fondamental, une arme redoutable qui allait concourir à la réussite de l'entreprise Samsic, à savoir l'argumentaire de vente.

17

Au cœur de la stratégie : l'argumentaire de vente

Au commencement de Samsic, je voulus absolument que tous les commerciaux qui allaient être embauchés parlent le même langage, de l'est à l'ouest et du nord au sud. Presque au lendemain de mon départ de GSF, je m'isolai durant un mois entier dans le petit appartement que Marylène et moi louions à La Baule, afin de plancher sur la rédaction de ce fameux argumentaire qui devait devenir la bible de chaque salarié du groupe en charge de vendre les prestations labellisées Samsic. Aujourd'hui encore, ce même argumentaire – régulièrement actualisé pour répondre à toutes les évolutions technologiques, digitales, etc. – régit le quotidien de chaque « homme d'affaires » du groupe.

Pourquoi « homme d'affaires » ? Parce que je considère que le terme « commercial » est réducteur. Vendre est un métier excessivement dur, difficile et évidemment fondamental pour la bonne marche d'une entreprise, quelle qu'elle soit. Celui qui « fait affaire » est l'un des premiers garants de la croissance et, de là, de la santé de sa société. Outre un nécessaire talent de vendeur, il est donc capital de disposer de bons outils qui, chez Samsic, se matérialisent au cœur même de cet argumentaire. Celui-ci est basé sur ce que j'ai nommé l'A.I.D.A., l'acronyme de quatre règles d'or : Attirer l'attention, Intéresser le client, créer le Désir d'acheter et, au final, Acheter. Ainsi, du 1er septembre 1986, date officielle de création du groupe, à aujourd'hui, toutes celles et tous ceux qui ont vendu et vendent des prestations Samsic, soit des milliers et des milliers de personnes, ont passé, et passent encore, six semaines de formation dans les locaux du siège social à Cesson-Sévigné, près de Rennes, afin d'étudier et d'apprendre cet argumentaire qui constitue une part fondamentale de notre réussite.

Mon but, pendant ce mois passé à rédiger scrupuleusement chaque étape de la vente telle que je la concevais, était de créer de la différence sur ces métiers très concurrentiels. Il fallait vendre en priorité une prestation plutôt qu'un prix. Combien d'entreprises, faute d'arguments forts, maîtrisés, construits, vendent un produit ou un service en ne dégainant qu'une seule arme : le prix! Ainsi a été fixée comme une règle absolue chez Samsic la nécessité d'apprendre par cœur l'argumentaire. Cette gymnastique de l'esprit permet à tout commercial d'acquérir une maîtrise parfaite de son rôle de vendeur, rendant par conséquent fort et percutant chaque argument de l'A.I.D.A.

Mais notre modèle de vente va bien au-delà du simple argumentaire décrivant tel ou tel service. Je tins, dès nos

Le siège de Samsic à Cesson-Sévigné depuis novembre 2018

débuts, à mettre en place une politique salariale « différenciante ». Des ouvriers mieux recrutés et mieux rémunérés vont s'intéresser davantage à leur mission, s'investir plus efficacement dans les formations mises en place. Nous avons également été des pionniers sur les contrôles qualité. À l'époque, en 1986, ces démarches qualitatives n'existaient pas encore. Notre stratégie fut tout de suite gagnante, car chaque prestation que nous vendions était strictement appliquée – et vérifiée – sur site. Cette association étroite du « dire » et du « faire » à laquelle j'étais si attaché, et qui avait nourri ma réflexion au cours de mes dernières années chez GSF, prenait toute sa dimension dans la mise en œuvre de l'argumentaire de vente Samsic.

18

L'argent, outil de croissance ou finalité ?

Réussir le pari de la création, c'est aussi évoquer la délicate question de l'argent. Le nerf de la guerre, dit-on. Pour lancer Samsic sur les rails, je dus mettre l'équivalent, à l'époque, de quelque 20 000 euros (130 000 francs). Gérard Jicquel, quant à lui, fut d'abord réticent mais accepta de participer au capital à hauteur de 20 %, soit environ 7 500 euros (50 000 francs). Ce n'était pas énorme. De plus, il était possible de souscrire au capital avec libération au quart. La libération partielle a l'avantage de permettre à chaque associé de ne pas sortir tout de suite la totalité de la somme qu'il a prévu d'injecter dans la nouvelle structure. Nous partions de zéro ou presque, mais l'argent était déjà l'un des premiers paramètres à considérer : il était indispensable d'en gagner rapidement si nous voulions prouver aux banques qu'elles pouvaient nous suivre sans trop de risques.

Outre cette confiance qu'il fallait acquérir à tout prix, l'argent était nécessaire aussi pour assurer la rémunération de ceux qui s'engageaient à mes côtés. Parce que nous atteignîmes le point mort dès notre premier exercice, les banques, rapidement, acceptèrent de nous accompagner dans notre développement. Nous arrivions dans un secteur très concurrentiel. Dans ce contexte, une entreprise qui ne gagne pas d'argent est une entreprise qui meurt. Il n'existe pas d'alternative : c'est réussir ou disparaître. Quand vous partez de rien, que vous vous trouvez devant une page blanche, il vous faut être certain que votre projet tiendra la route, que vous n'entraînerez pas des femmes et des hommes droit dans le mur.

Quand Samsic a commencé à croître, et donc à gagner de l'argent, les curseurs se sont déplacés. Nos arguments « sonnants et trébuchants » devenaient suffisamment convaincants pour négocier sur un pied d'égalité et élaborer des stratégies plus ambitieuses. Si vous voulez tendre, comme ce fut très tôt notre objectif, vers un développement national et européen, en appelant de vos vœux que ce défi ne relève pas de la gageure, alors oui, l'argent est nécessaire et devient non pas finalité, mais un véritable moteur de croissance. Pour cette raison, j'affirme que l'argent en soi ne m'intéresse pas. Mon intention n'est pas de choquer. D'aucuns penseront qu'il est bien facile de ne pas aimer l'argent quand on en a, c'est pourtant mon sentiment profond. C'est, du reste, pour cette même raison que j'ai toujours choisi de réinvestir systématiquement dans le groupe pour le développer, le pérenniser, le transmettre. La cagnotte pour la cagnotte représente à mes yeux un dessein sans grand intérêt. Je suis un homme d'action et de projet. Ma motivation réside dans le « faire » plutôt que dans l'« avoir ». C'est ainsi.

D'ailleurs, en quittant GSF, je prenais le risque de perdre gros. En tant que numéro 3 du groupe, je gagnais très bien ma vie, et faire le choix de repartir de zéro signifiait, pour moi et ma famille, le retour à un salaire modeste, légèrement au-dessus du SMIC. Voilà bien la preuve que c'était mon entreprise naissante, et non l'argent, que je privilégiais avant tout. Il me faudra dix années pour retrouver mon niveau de rémunération de chez GSF. Les choses auraient été sans doute bien différentes sans mon épouse, Marylène, qui m'a accompagné et soutenu dans cette aventure. Sans son assentiment et ses encouragements, il eût été beaucoup plus hasardeux de se lancer. Elle approuvait mon projet, arguant que nous pourrions nous contenter de son emploi au Crédit Agricole pour assurer le quotidien le temps que Samsic prenne son essor. Elle n'eut pas tort.

Il est important de revenir quelques instants sur la place des banques. Il serait tout à fait incongru de ne pas reconnaître le rôle qu'elles ont joué dans le développement de Samsic. Sans les banques, le groupe n'aurait jamais pu financer sa croissance.

Je suis toutefois conscient que l'adage « les banques ne prêtent qu'aux riches » se vérifie souvent, tout comme le fait que les banquiers mettent une pression énorme sur ceux qui sont le plus en difficulté – c'est une réalité. Pour ma part, j'ai eu la chance, dès le premier exercice, de présenter au Crédit Agricole un bilan positif, ce qui a permis d'emblée d'inspirer confiance. Un banquier a toujours peur du lendemain, mais, s'il vous prête une fois et qu'en retour vous respectez le deal, il vous financera une deuxième fois, puis une troisième, puis une quatrième. En un mot comme en cent, le banquier ne veut pas que vous lui fassiez prendre de risques.

Certaines mesures sont toutefois difficiles à admettre, les fameux *covenants* par exemple. Ces clauses de sauvegarde intégrées au contrat de prêt, qui imposent à l'emprunteur divers engagements, ont parfois été cause de quelques accrochages en règle avec mes interlocuteurs banquiers. Si ces *covenants* ne sont pas respectés, la banque peut alors augmenter les taux d'intérêt ou exiger le remboursement anticipé du prêt. En quelque sorte, et de façon imagée : plus vous êtes malade, moins ils vous donnent de médicaments ! Tout cela, j'en conviens, est source de grand stress pour tout chef d'entreprise. J'ai moi-même, évidemment, souvent eu peur. Très peur. Très souvent. C'est sans doute ce qui m'a valu, il y a quelques années, une fibrillation auriculaire. Quand vous travaillez intensément, que vous composez chaque jour avec le stress, le corps finit par vous dicter sa loi. Quoi qu'il en soit, et malgré les aléas, les banques furent dès nos premiers pas des partenaires privilégiés de notre croissance. Et elles le resteront pour des années encore, je l'espère.

19

Une tête bien faite

Il y a des têtes bien pleines et des têtes bien faites. Si vous avez la chance de pouvoir fusionner les deux, alors vous devenez une véritable « machine de guerre » ! Sans forfanterie, je m'autorise à penser que j'ai la tête bien faite. Seulement, je n'ai pas eu l'opportunité de me forger une tête bien pleine, faute de pouvoir suivre des études. Cela aurait-il été préférable ? Sans doute. Cependant, tout au long de mon parcours, j'eus nombre d'occasions de croiser des têtes bien pleines, sorties de telle ou telle école, et souvent mon étonnement fut grand de constater leurs limites. Certaines de ces personnes possédaient certes la connaissance, mais ça n'allait pas beaucoup plus loin.

Je suis donc un autodidacte. Et, comme d'autres Bretons de ma génération, têtes bien faites – et, pour certains, bien pleines de surcroît – qui ont créé de toutes pièces des groupes aujourd'hui largement présents sur plusieurs continents – je pense notamment à Daniel Roullier, Louis Le Duff, Roland Beaumanoir, François Pinault et d'autres encore –, j'ai ainsi mené mon entreprise sur le chemin de la croissance en sachant sélectionner les options opportunes, m'entourer des bonnes personnes, insuffler l'énergie nécessaire à mes équipes, mesurer les risques et les prendre au moment propice.

Je me souviens très précisément de ce que m'avait dit Gildas Le Noan, qui me remettait une distinction lors d'une réception au Sénat, à l'occasion de la remise du prix des Victoires des Autodidactes en 1995. Lui-même diplômé de Harvard, il distinguait les autodidactes des grands diplômés à cette énergie déployée qu'il qualifiait davantage de hargne. « La différence entre vous et nous, c'est cette faim que vous avez constamment, cette capacité à toujours vouloir aller de l'avant, là où des super diplômés auront tendance à déjà se voir au sommet, à se reposer sur leurs lauriers. Vous êtes, vous, dans une sorte de course permanente à la reconnaissance. »

Le sentiment d'avoir toujours quelque chose à prouver. Peut-être.

Alors, oui, à défaut d'avoir une tête bien pleine, j'ai une tête bien faite, et un tempérament de leader. Pour qu'une entreprise fonctionne bien, il faut un chef charismatique et suffisamment intelligent pour savoir s'entourer des compétences que lui-même ne possède pas. Je crois que c'est ce que j'ai su faire. J'ai autour de moi des personnes de tous horizons que je suis allé chercher pour leurs connaissances financières, stratégiques, digitales, de R&D, etc. Au fil du temps et des besoins nous ont rejoints des gens qui avaient ce que nous n'avions pas, et cela a fonctionné. Ma force fut, dès le départ, cette énergie et cette faculté d'entraîner les autres derrière moi. Je suis en quelque sorte le type qui porte le drapeau et qui fait que tout le monde emprunte le même chemin, non pas tels des moutons, mais parce que la confiance est suffisamment forte pour que l'on accepte de s'engager, de suivre le mouvement et de croire en l'avenir. Une locomotive, pour ainsi dire. Cette faculté de convaincre, d'inspirer confiance, de recruter une équipe de haute qualité conduit à réaliser de grandes choses.

Je crois aussi que tous les créateurs sont de grands stratèges. C'est en soi, c'est quelque chose qui ne s'apprend pas. Ainsi, par exemple, dès la création de Samsic, j'ai compris que je ne ferais rien si je restais rennais. Impensable pour moi d'être accroché à ma région comme la bernique à son rocher. Je voulais davantage. Il me fallait franchir les frontières, régionales d'abord, européennes très vite. De toute façon, la bonne santé de l'entreprise dépendait de mon audace. Sans doute l'ambition fut-elle l'un des ingrédients du cocktail : à mes yeux, mon entreprise ne pouvait pas se nommer simplement Samsic Bretagne. C'était inconcevable, car je subodorais déjà que le régional et même le national ne suffiraient pas, que nous manquerions très rapidement d'oxygène. Nous ne pouvions nous contenter de rester franco-français. D'ailleurs, les premières années déjà, nombre de décisions, y compris pour des marchés locaux, se prenaient au niveau national, voire européen. Pour prétendre au respect des normes en vigueur ou des dispositions de telle ou telle fédération ou charte professionnelle, il était impératif d'être suffisamment stratège pour se projeter rapidement vers l'Europe.

Désormais investi à l'échelle européenne depuis plus de vingt ans, Samsic poursuit inexorablement son déploiement international : le groupe a posé un pied en Afrique du Nord et au Qatar en 2016, aux États-Unis en 2021. Son ambition prochaine sera de faire un grand écart en abordant l'Asie. Mais revenons à notre histoire, aux premiers pas de notre entreprise, qui ne deviendra véritablement un groupe que quelques années plus tard.

20

Des débuts prometteurs

Hormis les compétences mises en œuvre et la dose de courage nécessaire pour se lancer dans l'aventure, nous avons bénéficié, dès le départ, d'un alignement favorable des planètes. Je m'explique : lorsque nous nous sommes installés, en septembre 1986, au Champ Martin, à Vern-sur-Seiche au sud de Rennes, dans un modeste Portakabin, nous n'avions ni clients, ni chiffre d'affaires, ni personnel. Rien. Nous partions de zéro. Malgré cela, notre démarrage a été nettement facilité par l'application d'une mesure gouvernementale mise en place peu de temps avant notre lancement. Très favorable aux entreprises en création, l'article 44 quater du code général des impôts prévoyait en effet une exonération d'impôt sur les sociétés à hauteur de la moitié du montant des bénéfices réalisés. Cela nous a considérablement aidés, et très vite nous en avons mesuré les retombées sur notre trésorerie. Rapidement aussi, les grands de l'industrie nous ont fait confiance.

J'étais chargé de prospecter, de trouver les clients, et Gérard Jicquel, dans la foulée, montait les dossiers.

Marie-Aline Presse gérait l'administratif. Nous étions absolument complémentaires. J'étais un redoutable commerçant et, mon bagou aidant, j'arrivais à capter les grands industriels. Gérard faisait office d'argentier et Marie-Aline tapait tous les contrats sur la fameuse machine à boule Xerox, une révolution à l'époque ! Quand nous avons eu nos premières équipes, c'est elle encore qui gérait le registre du personnel, les bulletins de salaire…

Et, si nous n'avions pas toujours besoin d'embaucher, c'était en vertu de l'article L-122-12 du Code du travail. En résumé, dans le cadre d'un changement de prestataire dans le secteur de la propreté, la convention collective prévoit que tous les contrats de travail en cours sont préservés par le nouvel employeur. Cela nous permettait donc d'avoir déjà des équipes opérationnelles sur les marchés que nous décrochions, et nous n'embauchions de nouvelles équipes qu'au fur et à mesure des besoins.

À cette complémentarité des compétences évoquée plus haut s'ajoutait un autre point fort : ma capacité à prendre très vite les décisions, qui est sans doute une qualité commune à beaucoup de chefs d'entreprise. J'ai énormément de mal, en effet, à composer avec les gens qui tergiversent, hésitent, réfléchissent encore et encore : les jours et les semaines passent, et l'objectif qu'ils s'étaient fixé n'est toujours pas atteint, ou d'autres ont agi avant eux. Cette capacité à réagir vite a également pris corps à travers notre politique de développement. Ma réflexion stratégique était d'ouvrir, dès le premier bilan, une agence à Quimper, puis à Rouen en année 3. Sont alors entrés en scène Fabrice Drouillard pour le bureau finistérien et Patrick Dubos pour la Normandie.

À cette croissance organique, à mon sens la plus belle, se sont adjointes nos premières croissances externes ; lorsque vous voulez grandir vite, et sortir du cercle strictement local et régional, vous ne pouvez atteindre ce but par la seule création pure, qui réclame une plus longue mise en œuvre. La croissance externe vous permet, par le biais de la structure que vous achetez, de vous positionner tout de suite sur des marchés existants, avec des outils et des équipes déjà en place. Et cette stratégie s'est révélée d'autant plus gagnante lorsque nous avons choisi de franchir les frontières en abordant, dès 2004, le marché belge. J'y reviendrai un peu plus loin à propos du volet international de Samsic.

21

« Facility », ressources humaines, aéroportuaire… De multiples savoir-faire

Aujourd'hui, le groupe Samsic, ce sont deux cents lignes de métiers autour de trois grands pôles de compétences : le « facility » d'abord, les ressources humaines ensuite, les services aéroportuaires enfin.

Le « facility » chapeaute tous les services associés à la gestion, totale ou partielle, de l'environnement de travail des occupants d'un site industriel ou commercial, d'une entreprise, d'un bâtiment tertiaire, d'un hôpital ou autre. Dans le désordre, ce sont la propreté, la sécurité, la gestion des déchets, la logistique, l'accueil, la maintenance des installations électriques, l'entretien des espaces verts, la gestion du courrier, la conciergerie, et j'en oublie. Comment, me direz-vous, passe-t-on d'un monométier aux multimétiers ? En fait, la réflexion ayant été menée en amont et depuis fort longtemps de la propreté nous avons rapidement élargi notre champ d'action à la sécurité et à l'accueil.

Petit à petit, les services, les équipes et les directions se sont mis en place. À partir de 1992, nous avons étendu le spectre de nos services aux ressources humaines, avec, progressivement, toute une gamme de prestations pour l'accompagnement des salariés dans leur recherche de performance, de formation, d'emploi. Ce pôle RH englobe aussi le conseil et le « sourcing », c'est-à-dire l'intégralité des étapes de recrutement que nos clients choisissent d'externaliser (analyse des CV, diffusion des offres sur les réseaux sociaux, entretiens de présélection, tests de personnalité…). La formation occupe une place particulière puisque nos structures, pour une plus grande visibilité, ont été récemment regroupées dans une seule et même entité baptisée Abskill.

Enfin, le dernier-né, le pôle Samsic Airport, offre un large panel d'activités aéroportuaires qui représente aujourd'hui – hors crise Covid – une part de plus en plus importante de notre chiffre d'affaires. C'est ce pôle Airport qui nous a permis de franchir les frontières de l'Europe pour poser le pied en Amérique du Nord, au Canada précisément.

Un autre grand groupe a fait cela avant nous : Sodexo. Leur métier premier était la restauration collective. Ils se sont ouverts au « facility » pour un nombre considérable de clients à travers le monde. Aujourd'hui, Sodexo assure aussi bien la restauration, la propreté, le courant faible, le courant fort… Ils sont capables de tout faire. Désormais, nous réalisons la même chose en étant partis de la propreté. Pour moi, c'était une évolution naturelle, même si cela ne s'est pas fait aussi vite que je l'aurais souhaité. Nous n'avions tout simplement pas l'argent pour mettre tout cela en œuvre.

Je compare souvent notre évolution à un concerto ; avec notre seule activité propreté, nous étions simples musiciens ; avec le « facility », nous devenions orchestre. Orchestre de chambre d'abord, puis orchestre symphonique avec l'élargissement à trois pôles. Même si cette comparaison peut sembler immodeste, c'est l'image la plus parlante et la plus harmonieuse qui me vient à l'esprit quand je songe au chemin parcouru en trente ans.

Samsic Facility, l'historique

En commençant par la propreté, nous ne prenions pas de risques, car nous connaissions bien le secteur. Mais, petit à petit, en vendant nos prestations, je compris que les entreprises faisaient généralement appel à un premier opérateur en propreté, à un deuxième en sécurité, à un troisième en maintenance, etc. Et le directeur des services généraux manageait le tout. Jusqu'au moment où la direction générale proposait de faire intervenir un « faciliteur » afin de coordonner les interventions de tous ces prestataires extérieurs. Dès lors, je me suis aperçu que, si nous restions uniquement « musiciens », nous allions très vite nous faire tailler des croupières ; là où notre marge brute était de 30, elle pouvait aisément, avec l'immixtion d'un faciliteur entre le client et nous, chuter à 20. D'où la nécessité de devenir à notre tour « orchestre » en proposant à nos clients, dès les années 1990, d'être leur sous-traitant dans plusieurs métiers.

Au fil des années et des exigences du marché, Samsic s'est ainsi engouffré dans le « facility » au sens large du terme en couvrant tous les secteurs économiques : l'agroalimentaire, le médical, le nucléaire, l'industrie… Nous adaptons précisément nos prestations à chaque domaine par des protocoles spécifiques de sécurité, d'hygiène, par des modules de formation appropriés pour nos équipes dédiées aux laboratoires de recherche, à l'hôtellerie, à l'industrie, aux hôpitaux, etc.

Le « facility management », c'est encore autre chose. C'est un concept qui va au-delà du « facility » et qui définit la capacité de piloter un ensemble de prestations et de prestataires chez un client, en lieu et place de ses services généraux. Notre particularité, c'est d'être nous-mêmes prestataires, mais dans le « facility management » s'ajoute la notion de pilotage : non seulement le client choisit d'externaliser une ou plusieurs tâches, mais il nous confie également l'ordonnancement et la mise en œuvre de l'ensemble.

La structuration de nos activités en pôles date de 2016 seulement. Mon frère a grandement œuvré à la mise en place de cette nouvelle architecture qui donne la part belle aux régions. L'idée de Guy était de passer d'un système centralisé à une organisation décentralisée pour donner aux territoires des responsabilités et des capacités entrepreneuriales. Devenant des structures chapeaux, les pôles leur fournissent ainsi tous les outils d'exploitation, de planification, de force commerciale pour une gestion autonome, avec leur propre responsable RH, QHSE (qualité, hygiène, sécurité, environnement), contrôleur de gestion, etc.

Présidé par Olivier Payen, Samsic Facility représente aujourd'hui 68 000 salariés à travers 25 pays, pour 1,4 milliard d'euros de chiffre d'affaires.

Samsic RH – Abskill : emploi et formation

Nous avons commencé, au début des années 1990, par le travail temporaire, avec la création d'une première agence à Rennes, puis d'une deuxième à Nantes. C'est Carole, ma seconde épouse, aujourd'hui décédée, qui gérait ces agences. Rapidement, sous le contrôle de Thierry Geffroy, notre réseau s'est étoffé d'une vingtaine de bureaux sur le territoire national pour compter en 2021 près de 400 agences de travail temporaire à travers l'Europe. Aujourd'hui, le pôle RH pèse 30 % de l'activité globale du groupe en chapeautant plus d'une dizaine de métiers différents, du travail temporaire au recrutement, de l'élaboration des bulletins de salaire à la mobilité ou encore du conseil au *sourcing*. Nous intervenons aujourd'hui pour de grands comptes en France et en Europe.

L'accumulation de chiffres devenant très vite rébarbative, je ne retiendrai ici que les plus significatifs : en 2015, le pôle Samsic RH réalisait 298 millions d'euros, à travers 134 agences réparties dans trois pays. En 2018, nous comptions 237 agences dans sept pays et générions 552 millions d'euros de chiffre d'affaires. En 2021, l'objectif de Samsic RH est d'atteindre 100 millions d'euros de croissance sur l'ensemble des territoires pour arriver à 715 millions d'euros de recettes, 365 agences et huit pays.

Toutes ces ambitions ne s'envisagent que dans le cadre d'axes stratégiques très précis, de croissances organiques et externes pour élargir notre couverture à la fois nationale et européenne. Gilles Cavallari, le président de Samsic Emploi, a beaucoup œuvré à l'acquisition de deux sociétés spécialisées dans le travail temporaire et le recrutement, l'une en Italie, l'autre au Royaume-Uni, qui en moins de deux ans sont devenues les fers de lance de l'activité à l'international. Le renforcement du digital constitue aussi un point clé, puisque notre plateforme samsic-emploi.fr est devenue un véritable média comptabilisant 300 000 visites par mois et plus de 100 000 nouveaux CV enregistrés mensuellement.

Étroitement liée à l'emploi, l'activité formation a été prise en charge par nos équipes voici plus de vingt ans. Le créneau de la formation professionnelle réclame énormément de souplesse pour que les programmes soient adaptés précisément aux évolutions des réformes et des lois. Là encore, le digital, l'e-learning permettent d'accroître la qualité et l'accessibilité des cursus de formation et l'expertise de nos formateurs.

Tant et si bien qu'au sein de Samsic RH nous avons pris la décision de créer, en janvier 2021, la marque Abskill, pour désigner la nouvelle entité regroupant nos quatre organismes de formation professionnelle : Forget Formation, Fauvel Formation, Ceforas Formation et Innov'Formation. Aujourd'hui, des modules spécifiques à chaque secteur (nucléaire, transports, sécurité, logistique, industrie, travaux publics, tertiaire…) sont dispensés à quelque 90 000 stagiaires chaque année dans nos 39 centres en France. Ce qui représente un total de 700 000 heures de formations par an.

L'objectif affiché d'Abskill et de son président, Sébastien Loury, est de devenir, à l'horizon 2026, le leader privé français de la formation professionnelle.

Samsic Airport, un essor stoppé net

Si la crise sanitaire a marqué un coup d'arrêt brutal à la dynamique du pôle aéroportuaire, nous croyons dans un retour notable d'une activité porteuse dès que le Covid aura définitivement tourné les talons ou, du moins, dès que la recherche médicale saura le tenir à distance.

C'est à l'initiative de mon frère Guy que nos premiers pas dans l'aéroportuaire ont été faits, en 2008, à l'aéroport d'Orly. Nous y assurions alors seulement un peu de sûreté. En 2009, la société Corsair nous a confié l'assistance de ses vols sur l'aéroport de Guadeloupe. Et c'est ainsi que, l'année suivante, Guy a véritablement mis en place le pôle Airport pour structurer et développer efficacement nos activités en Martinique, en Guyane, puis en République dominicaine un peu plus tard. Le pôle Airport, que préside Christophe Busca, chapeaute quatre activités distinctes : le *handling* (chargement des bagages, dégivrage des avions, *loadsheet*, coordination des vols, enregistrement des passagers…), la sûreté, l'assistance aux personnes à mobilité réduite (APMR) et, depuis plus récemment, le transport des équipages et des passagers.

C'est la Guadeloupe qui nous a permis de nous faire connaître et d'attirer d'autres compagnies aériennes. Nous sommes maintenant implantés à Belgrade, en Serbie, sur l'île de La Réunion et, depuis 2019, au Canada, sur les aéroports de Calgary, Edmonton, Montréal et tout récemment Vancouver. Aux États-Unis, nos équipes sont présentes à Chicago depuis le mois de juin 2021, et à San Francisco depuis août. Sans oublier l'aéroport de Doha, au Qatar, où nous assurons la sûreté depuis peu. Samsic Airport en quelques chiffres, ce sont des implantations dans 25 aéroports dans le monde, huit en France, et 6000 salariés au total.

Aujourd'hui, la crise sanitaire est bien là et, de 340 millions d'euros de chiffre d'affaires générés en 2019, nous sommes tombés à 100-120 millions d'euros en 2020. Nous serons à 120 ou 130 millions d'euros de recettes à la fin de l'exercice en cours (2021). L'effondrement de l'activité des aéroports à travers le monde aurait pu être une véritable catastrophe pour Samsic, mais, grâce à la multitude de nos métiers, nous restons sereins et confiants dans l'avenir. Nous misons sur la reprise prochaine de nos activités aéroportuaires pour revenir, d'ici à deux ans, au volume d'avant-Covid.

Seprov, des filiales autonomes et de prestigieux clients

Seprov regroupe Seni et La Providence, deux filiales intégrées dans le giron de Samsic depuis 2011, deux entités spécifiques qui conservent leur autonomie en raison d'un fort ancrage auprès de leur clientèle respective.

La Providence représente quatre segments d'activité dans l'entretien et la propreté. En premier lieu, les grands sièges sociaux, cœur de cible de l'entreprise, qui gère au quotidien 4 millions de mètres carrés pour des clients comme Netflix, Google, BNP Paribas, Apple, ou encore pour des cabinets de conseil ou d'avocats. Le secteur du luxe (LVMH, Richemont, Hermès, Chanel…) et de l'hôtellerie génère une autre part importante des recettes de La Providence, présente dans plus d'une quinzaine d'hôtels et de palaces à Paris (Four Seasons, Crillon…). Vient ensuite le domaine du *retail,* pour lequel l'entreprise intervient dans plus de 500 points de vente en France. Et enfin, l'événementiel, avec de prestigieux clients tels le Lido, les musées d'Orsay, du Quai-Branly, Grévin, les Folies-Bergères, l'AccorHotels Arena… La Providence, ce sont 14 agences en Île-de-France et quatre en régions, pour un chiffre d'affaires en constante progression : 58 millions d'euros en 2015, 100 millions d'euros prévus en 2021 et 125 millions en 2026 avec de nouveaux contrats, une forte digitalisation et l'utilisation croissante d'objets connectés.

De son côté, Seni, avec 17 agences en France et plus de 3 000 salariés, est le spécialiste des prestations de propreté et multiservices pour les professionnels de l'immobilier – bailleurs sociaux et syndics d'immeuble –, soit l'entretien de plus de 1 million de logements sur la région Paris-Île-de-France. À cela s'ajoutent, sur le marché privé, des clients comme Swiss Life, Atrium Gestion ou Foncia, pour des prestations dans plus de 2 500 résidences, là encore à Paris et en Île-de-France. En matière de chiffre d'affaires, Seni, ce sont 44 millions d'euros réalisés en 2015, 65 millions en 2020 (dont 60 % à Paris), l'ouverture de trois nouvelles agences en 2021, à Nantes, Angers et Rennes, et 100 millions d'euros de chiffre d'affaires attendus à l'horizon 2026.

Si tous ces chiffres peuvent rebuter dans la lecture d'un parcours de vie – je le comprends aisément –, ils sont toutefois significatifs de notre stratégie de déploiement par croissances externes. Notre volonté de différenciation par cette fameuse qualité de prestations que j'évoque souvent prend ici toute sa dimension.

Guy Roulleau

Directeur général du groupe Samsic, frère de Christian Roulleau

Après douze années passées chez Cetelem, j'acceptai de rejoindre mon frère, à la condition de rester relativement autonome. Qu'à cela ne tienne, Christian me proposa : « Tu veux être indépendant ? OK. J'ai trouvé une affaire de propreté à racheter à Cognac. »

Les dés étaient jetés ! Et je me suis vite pris au jeu. De Cognac à Bordeaux, de Bordeaux à toute la région Sud-Ouest, et Paris ensuite, avec l'élargissement de nos services à la sécurité puis à l'accueil. Et pourquoi pas la sûreté dans les aéroports ? Ce furent les prémices de ce qui allait très vite s'imposer comme un pôle à part entière : l'aéroportuaire proprement dit.

Mais l'étape majeure pour Samsic n'est pas tant la mise en œuvre de l'activité aéroportuaire que la création, en 2016, du pôle Facility. L'objectif était d'abord de donner les responsabilités aux régions, aux équipes. Chaque territoire intègre petit à petit les métiers du groupe. D'où la nécessité d'opérer la transformation digitale pour laquelle j'ai créé une équipe dédiée, dont Olivier Colly a la charge. Ce dernier a intégré le groupe en 2007 avec une modeste équipe purement informatique de sept personnes. La DSI (Direction des systèmes d'information) qu'il dirige compte aujourd'hui 70 collaborateurs ! Tous les pôles sont désormais concernés par le digital, l'intégration de l'*IoT* (Internet des objets) et la cybersécurité, enjeu crucial s'il en est.

J'ai la prétention de penser que j'ai été acteur de la croissance du groupe Samsic. Le digital et les objets connectés sont des atouts extraordinaires pour développer cette valeur ajoutée, leitmotiv de Christian Roulleau. Je me définis comme un « intrapreneur », celui qui met en œuvre, au sein d'un groupe, de nouvelles activités, des organisations optimisées. J'ai signé un contrat de partenariat avec la société Adaptiv Systems pour la conception d'objets connectés au service de nos clients ; par exemple des détecteurs de présence qui permettent d'optimiser nos prestations. Avec ces détecteurs, vous savez si telle ou telle salle a été occupée ou non. Si oui, une équipe en assure le nettoyage. Si non, la salle est laissée en l'état. Autre outil d'intelligence artificielle : une caméra, installée dans les centrales nucléaires où nous intervenons et où les protocoles sont évidemment très stricts. Des équipements spécifiques étant obligatoires pour l'accès aux zones contrôlées, la solution permet de visualiser les tenues et de n'ouvrir les sas d'entrée que si elles sont conformes et complètes. Ce sont des exemples parmi d'autres. Ce recours à l'*IoT* illustre la transformation profonde de Samsic vers le monde de demain.

Numéro 2 du groupe depuis 2019, après avoir présidé la sécurité et l'aéroportuaire puis la propreté et le « facility », j'arrive aujourd'hui à la fin de cette aventure professionnelle. Nous sommes à la croisée des chemins et les enjeux pour le groupe sont colossaux. Digital, gouvernance, communication, création de nouvelles lignes de services, conquête territoriale en France et à l'international : le champ des possibles est vaste. Et cela tombe bien, nous avons les équipes et l'ambition pour le faire !

22

Échecs et embûches : d'incontournables étapes

La fameuse règle des 80/20 – ou loi de Pareto – qui s'applique à un grand nombre de domaines économiques et sociaux – efficacité au travail, rentabilité, tâches essentielles et accessoires, rapport entre richesse et pauvreté, contrôle qualité, etc. – se vérifie souvent aussi en matière de réussite et d'échec. Ainsi, si vous parvenez à atteindre un taux d'échec n'excédant pas 20 % pour des réussites de plus ou moins 80 %, vous pouvez alors considérer que vous maîtrisez la situation et par conséquent que vous protégez la bonne santé de votre entreprise. C'est en tout cas le constat que j'ai souvent fait au sein de mon groupe.

L'échec, somme toute, fait partie intégrante de la réussite. Quiconque ne sait pas y faire face ne pourra pas franchir un certain seuil de progrès. Les erreurs nourrissent l'expérience. Le Japonais Akio Morita, physicien et cofondateur du groupe Sony, disait : « N'ayez pas peur de faire une erreur, mais faites en sorte de ne pas faire la même erreur deux fois. » Je reprendrais aisément cette citation à mon compte tant elle reflète, à mon avis, l'exacte attitude à adopter devant l'échec : faire face, accepter, comprendre et rebondir.

Dans les premières années de Samsic, nous avons connu un cuisant échec sur un projet de rachat qui, au dernier moment, n'a pas abouti. Nous étions certains de remporter la mise sur une affaire très importante, à Paris. Nous avions travaillé des mois sur ce dossier, mobilisé des équipes, investi dans de nombreux et coûteux audits, qui, en fin de compte, se sont avérés trop exigeants dans leurs conclusions concernant le volet contractuel. Nous voulions, en effet, avoir la certitude que les clients étaient liés par contrat sur de longues durées – en général trois ou cinq ans reconductibles –, afin de nous assurer une plus grande pérennité de l'emploi. Compte tenu de ces exigences, le vendeur s'est tourné vers quelqu'un d'autre. Pour nous, le risque de perdre des marchés, donc du chiffre d'affaires, nous paraissait trop grand. Car, dans une vente, il n'est pas rare de voir des clients profiter du changement de propriétaire, d'enseigne ou d'actionnaire pour s'éloigner ; il faut donc que, contractuellement, tout soit correctement bardé. Ce qui n'était pas le cas à notre avis. Sans doute aurions-nous pu faire avec, mais nous avons préféré maintenir nos exigences et avons perdu.

Autre exemple d'échec : une entreprise que nous avions rachetée, spécialisée dans le traitement des dégâts du feu et de l'eau après sinistres, est sortie du groupe. C'était une niche intéressante. L'entreprise employait quelque deux cents personnes et venait enrichir le panel de nos activités. Malheureusement, nous n'avons jamais réussi à faire en sorte que la partition soit belle. Le management opérait en lien étroit avec les experts des compagnies d'assurances et le fonctionnement était à la fois compliqué, opaque et difficilement contrôlable. Nous avons préféré abandonner et revendre la société à un fonds.

À ce jour, sur un total de 120 opérations de croissances externes – nationales et internationales –, cette entreprise reste heureusement la seule dont nous nous soyons séparés. Cependant, ce sont là des étapes toujours difficiles à vivre, compliquées à gérer, mais, sinon nécessaires, du moins inéluctables – au même titre que les épisodes de grèves notamment. Ainsi, en 1988, nous avons dû faire face à un mouvement social dans le cadre d'un important chantier d'entretien que nous avions décroché peu de temps auparavant chez Valeo, à Angers, dans le Maine-et-Loire. Nous étions tout petits encore et venions de faire une première acquisition avec le rachat de la société Geroclair, basée à côté de Rennes.

Le directeur de Valeo me mettait, à juste titre, une forte pression pour que nos équipes reprennent le travail sur son site d'Angers. La grève de notre personnel a duré une bonne quinzaine de jours, période au cours de laquelle il nous a bien fallu gérer. Nous quittions Rennes en fin d'après-midi avec une équipe d'une dizaine de personnes de chez Geroclair, direction Angers. Pourquoi une équipe de chez Geroclair ? Parce que, lorsque des salariés d'une entreprise sont en grève, le droit du travail interdit de remplacer les grévistes par des travailleurs temporaires déjà en poste dans l'entreprise ou par l'embauche de salariés sous contrat à durée déterminée. Nous ne rentrions pas avant 2 ou 3 heures du matin, après avoir assuré le nettoyage chez Valeo. Nous avons tenu quinze jours ainsi. Et se relever tôt chaque matin avec l'esprit clair pour assurer la bonne marche de l'entreprise n'était pas une sinécure ! Nous avons travaillé nuit et jour pendant ces deux semaines de grève. Ce fut l'horreur !

Tous ces obstacles, toutes ces complications constituent des aléas inhérents à la vie d'une entreprise. Jugés parfois injustes – ou injustifiés –, les échecs souvent vous terrassent, vous blessent profondément. Pourtant, coûte que coûte, il faut rebondir. Et j'ai cette chance, innée ou acquise par mon éducation, d'arriver à me « remettre d'équerre » rapidement après une épreuve, qu'elle soit d'ordre professionnel ou privé. Et, tant que le rapport de 80/20 ne s'inverse pas, tout espoir de réussite et de croissance reste permis !

23

Le groupe à l'international : des débuts à l'horizon 2026

S'implanter hors des frontières est un pas que Samsic a franchi pour la première fois en 2004, en Belgique, avec le rachat de la société Cleaning Masters. Cette opération illustre bien la réussite de notre stratégie de déploiement que je détaille dans ce chapitre, puisque cette entreprise basée près d'Anvers réalisait à l'époque 36 millions d'euros de chiffre d'affaires, contre 200 millions aujourd'hui. C'est une stratégie qui demande beaucoup de réflexion, de temps et d'investissements.

La recherche d'opérations de croissances externes, puisque c'est le chemin que nous avons prioritairement emprunté pour nous développer, en France comme à l'étranger, n'est pas difficile en soi. Ce sont en général des apporteurs d'affaires qui vous sollicitent. Les banquiers, les faciliteurs eux-mêmes, tout un panel de professionnels dont c'est le métier vous informent en amont des opportunités liées à vos objectifs d'implantations. Une fois le rachat acté, notre règle de base a toujours été, dans la mesure du possible, de mettre à la tête de l'entreprise que nous acquérions un manager originaire du pays et, mieux encore, œuvrant déjà dans l'équipe de management. D'ailleurs, quand les compétences sont avérées, ce sont souvent les fils ou filles du dirigeant sortant que nous laissons aux manettes. Ils connaissent le fonctionnement interne mais aussi l'environnement géographique, les marchés concurrents, les us et coutumes de leur territoire…

Mais cette mesure qui, à mes yeux, s'avère nécessaire n'est toutefois pas suffisante, car nous évoluons sur des métiers facilement duplicables. Quand vous vous appelez Daniel Roullier, que vous fabriquez des engrais et que vous avez un projet en Tunisie, par exemple, celui ou celle que vous mettrez à la tête de cette unité de production n'ira pas, le lendemain, ouvrir sa propre usine d'engrais en face de la vôtre : trop de *process*, trop de technologies, trop d'investissements. Nos métiers, en revanche, sont beaucoup plus « basiques » : si vous confiez les commandes à quelqu'un de très compétent, vous devez l'associer au capital pour être certain qu'il n'ira pas s'installer deux rues plus loin. Ainsi, en règle générale, j'ai toujours choisi de laisser de 5 à 10 % de participations au dirigeant de chaque entreprise rachetée par Samsic. Ces personnes s'investissent d'autant mieux dans la bonne marche de la société qu'elles sont directement intéressées au résultat. Parallèlement à ces options stratégiques, notre équipe dédiée à l'international travaille en permanence avec les dirigeants à l'étranger. C'est un échange constant pour faire en sorte de prendre ce qu'il y a de bon chez eux et de le compléter par ce qui se fait de meilleur chez nous. Du donnant-donnant.

Notre stratégie internationale fut d'abord européenne, à travers le « facility » puis les ressources humaines; puis l'aéroportuaire nous a fait franchir l'Atlantique en 2009. Là encore, un exemple illustre bien comment une simple opportunité peut permettre de s'implanter au-delà des frontières, même lointaines. C'est par le biais de la RATP et de la SNCF que nous avons fait nos premiers pas au Moyen-Orient. Les deux entreprises françaises vendaient des projets de métro au Qatar et ont fait appel à nous pour que nous complétions leur offre avec des services de « facility ». Dès lors, des contacts se sont noués à l'aéroport de Doha pour assurer des prestations de sécurité. Aujourd'hui, notre activité internationale, tous pôles confondus, représente 32 % du chiffre d'affaires total de Samsic. Eh bien, l'ambition affichée pour les 40 ans du Groupe, à l'horizon 2026, est d'inverser cette proportion pour devenir un véritable groupe international plutôt qu'un groupe français à l'international.

Il m'est difficile de ne pas mettre de nouveau en perspective quelques chiffres qui illustrent l'ascension du groupe et son développement hors des frontières.

1986. Année de la création de Samsic. Nous partons de zéro : pas de clients, pas de salariés, pas de chiffre d'affaires.

1996. Dix ans plus tard, nous réalisons 50 millions d'euros de chiffre d'affaires dans un seul et unique pays : la France. À la propreté s'est ajouté le travail temporaire.

2006. Après dix années supplémentaires, Samsic réalise 550 millions d'euros de chiffre d'affaires à travers quatre pays.

2016. Nous sommes devenus un groupe multimétiers et multiservices, avec une représentation internationale cinq fois plus large : 1,529 milliard d'euros de chiffre d'affaires générés dans 15 pays.

Malgré les turbulences qui ont grandement affecté l'économie du monde, l'année 2021 marquera notre présence sur trois continents avec des implantations dans 25 pays et une prévision budgétaire de 2,521 milliards d'euros de chiffre d'affaires.

Et si nous regardons plus loin encore, à l'horizon 2026 ? Samsic fêtera alors ses 40 ans ! Les projections nous entraînent vers quatre continents, 40 pays et… 4 milliards d'euros de chiffre d'affaires. L'objectif est bien là : un groupe international, et non plus seulement un groupe français à l'international.

24

Passage de flambeau

En 2019, j'ai désigné mon successeur en la personne de Thierry Geffroy. Cette décision, fruit d'une profonde réflexion, repose sur plusieurs critères, dont la qualité de son parcours au sein du groupe Samsic, depuis son entrée en 1992.

Celui qui deviendra mon gendre en 2000 en épousant Cécile, ma fille cadette, a prouvé sa capacité à progresser, à manager, à prendre nombre d'initiatives en faveur du développement du groupe. Né en 1968 à Rennes, petit-fils d'agriculteur des Côtes-d'Armor, autodidacte comme moi, Thierry a gravi avec persévérance et pragmatisme les échelons au sein de Samsic. Me suis-je retrouvé en lui ? Sans doute un peu. À ses débuts, il a d'abord participé au développement de l'activité propreté sur le Grand Ouest. En 1998, il a pris en main la direction de Samsic Emploi et s'est attaché à lui donner une dimension nationale, puis internationale. En 2010, en devenant président de Samsic RH, c'est lui encore qui a imaginé la mise en œuvre d'une offre globale incluant le recrutement, la formation, le travail temporaire et le conseil RH. Il a fait prendre au groupe un tournant dans la valorisation des métiers. La sagacité et le discernement dont il fait preuve dans les prises de décision ont conforté mon choix.

Choix cornélien s'il en fut, une alternative s'offrait à moi : opter pour les compétences de mon frère ou pour celles de mon gendre, au risque de surprendre ou de blesser par un arbitrage ressenti comme maladroit ou partial. Le choix fut d'autant plus difficile que, dans les deux cas, les facultés de management et la maîtrise pondérée des risques et des enjeux étaient indubitables. Sans conteste, la progression de Guy dans le groupe est considérable : il s'est révélé d'une efficacité redoutable, tant par ses compétences que par sa stratégie et son aisance de communicant. Ses qualités ont pesé lourd dans la balance. Alors, pourquoi le curseur a-t-il penché vers Thierry Geffroy ? Guy ayant dix ans de plus, il lui restait moins d'années à offrir à Samsic, moins de temps pour poursuivre et mettre en œuvre les ambitions du groupe. À 54 ans, Thierry a encore une large décennie à consacrer aux enjeux économiques, internationaux, sociétaux, digitaux… Je lui laisse donc les rênes, sans douter de ses capacités à gérer un groupe international. Et je confie à Guy, au titre de directeur général, la tâche d'épauler le nouveau président et d'œuvrer à une transition performante.

Au côté de Thierry Geffroy

Thierry Geffroy

Président du groupe Samsic, gendre de Christian Roulleau

L'an prochain, je fêterai mes trente années au service du groupe Samsic. J'en suis aujourd'hui le président, et je mesure chaque jour l'honneur que Christian Roulleau m'a fait en me transmettant, en 2019, la clé de cette grande maison.

Mes objectifs sont relativement clairs. En priorité, préserver les valeurs sur lesquelles Christian Roulleau a fondé son groupe – travail, rigueur, exigence –; œuvrer à la poursuite de l'ascension de Samsic en m'efforçant de toujours servir l'intérêt collectif; déjouer les statistiques sur le faible degré de résistance au temps d'une gouvernance familiale – avec l'espoir que les générations suivantes, sans pression aucune, aient l'envie de se lancer à leur tour dans l'aventure –; enfin, emmener le groupe vers demain. Demain, c'est anticiper le développement à long terme de l'entreprise en prenant en compte la démographie et les bouleversements du marché du travail, l'environnement et les nouvelles technologies. Demain, c'est l'innovation sociale qui devra être au centre de nos préoccupations – aménagement du temps de travail, mobilité, télétravail, formation, promotion de la diversité... Demain, c'est la poursuite de la révolution numérique : d'ici à 2025, le nombre des objets connectés sera multiplié par cinq et atteindra 65 milliards d'appareils dans le monde ! Il faudra suivre ce mouvement ascendant, sans jamais oublier que le capital humain sera toujours notre priorité.

Certes, la pression est certaine. Mais je connais les rouages, les métiers. Le plus dur ? Sûrement le stress de la fonction, la solitude du dirigeant, la conscience que près de 100 000 salariés dépendent de vos prises de décision. Il faut du temps pour acquérir une carrure, asseoir sa légitimité. On ne devient pas Christian Roulleau ; on prend sa suite en faisant en sorte d'en être digne. Et le challenge n'est pas anodin, car Christian Roulleau, c'est une boule de feu ! Il ne faut pas s'y brûler. Une énergie considérable. Il ne s'arrête jamais. Il est solide comme un chêne. Mais un chêne, ça fait de l'ombre aussi… Il est donc important de trouver la juste distance, avec conviction et respect. Néanmoins, beaucoup de points communs nous rapprochent depuis de longues années. Nous nous comprenons sans avoir forcément besoin de nous parler. Nous avalons ensemble des dizaines de kilomètres à vélo chaque week-end. Et, comme lui, je suis originaire des Côtes-d'Armor, issu d'un milieu modeste. Et autodidacte.

Je suis tout à fait conscient qu'en prenant la suite de Christian Roulleau je suis désormais plus exposé. Il faut être à la fois opiniâtre et combatif. Savoir s'effacer au profit de l'efficacité. Gérer les egos. Relativiser. Depuis que je suis président, je me suis fixé une ligne de conduite : ne pas alimenter la critique, pour éviter polémique et exaspération. Ce ne sont pas les difficultés qui nous définissent, mais la façon dont on y fait face. L'amplitude de mes responsabilités est certes importante, mais je suis entouré d'un comité de direction composé de fortes personnalités, les qualités des uns s'additionnant à celles des autres. Samsic, c'est une belle aventure qui doit se poursuivre et s'enrichir dans la droite ligne de son fondateur.

25

Loi du marché, rentabilité, mais pas que…

J'ai toujours été, me semble-t-il, d'une nature humaniste. Je pense donc sincèrement qu'au-delà de toute notion d'argent, quand on a le bonheur d'être en bonne santé, de se mouvoir comme on l'entend, il est normal, logique, et même nécessaire, d'agir pour que ceux qui n'ont pas cette chance puissent, autant que faire se peut, être intégrés au monde de l'entreprise, bénéficier d'un accès à l'emploi pour une vie le plus digne possible.

Sans doute devrions-nous communiquer bien davantage sur nos actions en faveur du handicap ou de nos démarches sociales en général, pour donner l'impulsion à d'autres entreprises et les inciter à faciliter l'accès à l'emploi des personnes en situation de handicap. Mais je ne tiens pas à communiquer pour communiquer, pour la bonne raison que je ne veux pas donner à penser que cette inclination à inclure au sein de nos équipes un nombre toujours croissant de personnes handicapées soit une stratégie en soi. Pourquoi ? Parce que la notion de calcul qu'implique le mot « stratégie » peut vite en amener certains à penser que cette volonté relève d'un intérêt – notoriété, image, faire-valoir… –, quand j'ai toujours eu à cœur de sortir du cadre strictement économique et de m'appuyer sur l'assise du groupe pour venir en aide à ceux que la vie a malmenés. Parlons de philosophie plutôt que de stratégie. C'est, en quelque sorte, un devoir de citoyen plutôt qu'une initiative de chef d'entreprise.

Ma fille Mélanie et son mari, Loeizig Trémeaud, ne sont pas étrangers à la sensibilisation du groupe sur l'emploi des personnes en situation de handicap. Avant de rejoindre Samsic, tous deux étaient éducateurs spécialisés. Ils ont fortement insisté, dès leur arrivée dans le groupe, pour que des mesures concrètes et efficaces soient mises en œuvre dans le domaine du handicap. Très tôt, nous avons ainsi engagé des actions dans ce sens, d'autant que nos métiers s'y prêtent : beaucoup de tâches sont relativement simples à exécuter, ce qui permet d'intégrer plus aisément certaines personnes en difficulté.

Mettre en adéquation handicap et emploi est un engagement fort chez Samsic : nous comptons, sur l'ensemble de la France, près de 1 900 salariés en situation de handicap (en CDI), et nous en sommes très fiers. Tout cela n'est pas toujours aisé à mettre en œuvre. Il a fallu réaliser des diagnostics, être accompagné par l'Agefiph (Association de gestion du fonds pour l'insertion professionnelle des personnes handicapées), mettre en place des conventions, recruter un chargé de mission.

La première convention que nous avons signée fixait un certain nombre d'objectifs à respecter, parmi lesquels l'engagement de créer 100 CDI (hors reprise conventionnelle de personnel) sur la période de mai 2005 à février 2007. L'engouement de nos centres d'exploitation « propreté » a été tel que nous avons créé, sur cette période, non pas 100, mais 278 CDI. Objectif atteint, donc, et même amplement dépassé ! Dès 2007, le déploiement des actions en faveur des personnes handicapées a concerné l'ensemble du groupe, et non plus seulement le métier de la propreté.

Actuellement, nous dépassons largement l'obligation légale d'emploi de travailleurs handicapés, fixée par le ministère du Travail à 6 % de l'effectif total. Beaucoup de nos établissements vont bien au-delà de cette injonction. L'une de nos structures, à Brest, a atteint l'an dernier un taux d'emploi de personnes handicapées de 17 % !

Sam'aide

Parallèlement aux actions menées par le service Emploi et Handicap, Sam'aide, un atelier protégé, agréé par les services de l'État, accueillant aujourd'hui huit personnes assez lourdement handicapées, a été créé en 2014, sous l'impulsion de David Le Port, responsable de l'emploi solidaire au sein de Samsic. L'entreprise adaptée Sam'aide, basée à Mayenne, dans le département du même nom, est une structure de préparation de commandes de consommables (papier toilette, savon liquide…). Les produits arrivent sur palettes à Mayenne. Les huit salariés, très encadrés, se chargent d'une première étape, la dépalettisation, puis d'une seconde, la reconstitution de palettes en fonction des commandes des clients.

Il est important de préciser que la notion de travail chez Sam'aide n'est pas une fin en soi. Ce que l'on demande aux personnes n'est pas au niveau de ce que l'on attendrait de tout autre agent de production ou préparateur de commandes. L'idée est de (re)donner progressivement à ces personnes l'estime de soi qu'elles n'ont pas ou qu'elles n'ont plus. La rentabilité ici n'est pas de mise. L'objectif, même s'il est souvent difficile à atteindre, est de mener ces personnes vers un retour en milieu ordinaire de travail. La dimension d'accompagnement socioprofessionnel prend là tout son sens.

Or, pour David Le Port, cela fut, sans exagérer, un véritable parcours du combattant d'obtenir l'agrément et de mettre en place cette structure adaptée. Comme l'explique Loeizig Trémeaud, responsable du service Emploi et Handicap, le milieu associatif reste frileux vis-à-vis des entreprises privées qui s'engagent dans ce type d'accompagnement. L'administration imagine souvent être la seule habilitée à donner toute la dimension humaine nécessaire à ce genre de projet. Mais il n'en est rien, comme le prouve notre atelier à Mayenne.

L'illettrisme au cœur de la RSE

La notion de responsabilité sociétale des entreprises (RSE) concentre tout un éventail d'actions, de stratégies, de démarches sociales, environnementales et qualitatives dans lesquelles les entreprises sont aujourd'hui tenues de s'impliquer.

Parmi ces actions de RSE, nous sommes très fortement engagés, par exemple, dans la lutte contre l'illettrisme. Il faut savoir que, parmi nos effectifs, notamment dans le « facility », nous avons des personnes en situation d'illettrisme, ou même d'analphabétisme, qui travaillent chez Samsic depuis fort longtemps. Ces personnes ne sont pas nécessairement d'origine étrangère : on peut très bien vivre en France depuis toujours et avoir de grandes difficultés de lecture. Se crée alors, dans l'environnement professionnel, une rupture de communication qui peut s'avérer désastreuse. Et cette rupture est doublement renforcée aujourd'hui par la multiplication des outils numériques et par le développement de la digitalisation, qui rendent la lecture d'autant plus indispensable.

Stéphanie Delamarre, qui a la lourde responsabilité de la RSE et du développement durable chez Samsic, connaît bien la difficulté que représente la mise en œuvre des dispositifs de formation, car une chape de plomb pèse encore sur ce sujet tabou qu'est l'illettrisme. Souvent, dans certains grands sièges sociaux au sein desquels nous intervenons, en Île-de-France surtout, on se trouve au cœur de la diversité, avec des personnes faiblement qualifiées qui ne s'expriment pas bien, ne savent pas lire et qui côtoient au quotidien une population parfois hautement diplômée. Ces deux mondes vivent ensemble mais totalement en parallèle. C'est ce constat qui a incité Stéphanie Delamarre et ses équipes à proposer des cursus de formation aux personnes concernées en vue de leur enseigner les savoirs généraux : lecture, écriture, calcul.

Comme l'explique Stéphanie, plutôt que de se voiler la face, craignant que l'image de l'entreprise ne soit ternie, nous avons préféré poser le sujet sur la table afin de mieux l'appréhender. Oui, certains de nos salariés ne savent ni lire ni écrire. Oui, il est nécessaire de les sortir de cet illettrisme en les accompagnant vers l'obtention d'une formation diplômante. Ainsi a été mise en œuvre une véritable politique de « détection », parce que c'est une réalité de la vie qu'il ne faut ni cacher ni ignorer. Plus les personnes concernées seront conscientes qu'en dévoilant leurs difficultés le bénéfice sera sans commune mesure avec la honte qu'elles éprouvent souvent, plus nous gagnerons du terrain sur ce fléau.

Concrètement, la MCCP – Maîtrise des compétences clés de la propreté –, complétée par le certificat professionnel CléA, facilite l'évolution et la mobilité professionnelle. C'est une formation diplômante qui constitue un vrai tremplin. La prise en charge financière par les OPCA (organismes paritaires collecteurs agréés), dont la mission est de mutualiser et gérer les contributions des entreprises en matière de formation professionnelle, a rendu possible le déploiement du dispositif d'aide, surtout en Île-de-France, où se concentre un plus grand nombre de personnes concernées par l'illettrisme.

En matière de climat social, ces dispositifs sont extrêmement bénéfiques. Une personne à qui vous avez donné la possibilité d'apprendre à lire, à écrire, à compter, après quinze ou vingt années, parfois davantage, passées en France, développe forcément un sentiment de reconnaissance. Et sa vision de l'entreprise n'en devient que plus positive. En 2016, la mise en place d'un système de tutorat, en partenariat avec l'association #Stopillettrisme, s'est révélée là aussi très enrichissante. Le dispositif repose sur l'association d'un salarié du site client, en l'occurrence L'Oréal à Saint-Ouen, près de Paris, à un agent de propreté de chez Samsic, candidat à la formation. Là où des personnes se croisaient sans se voir, une véritable interaction s'est opérée entre les uns, salariés chez L'Oréal, et les autres, agents Samsic travaillant sur le site. Outre les heures d'apprentissage des connaissances fondamentales, le candidat est épaulé individuellement par le salarié volontaire.

Impossible de développer en quelques lignes toutes les actions de responsabilité sociétale qu'engage Samsic, tant l'éventail est large. Elles recouvrent à la fois la santé et la sécurité des collaborateurs ; la préservation de l'environnement inscrite dans l'ambitieux programme « Samsic Planet 2030 », avec, par exemple, l'utilisation croissante de gammes de produits de propreté écolabellisés, la plantation de 100 000 arbres sur les territoires les plus fragilisés par la déforestation ou les actions en faveur de l'économie circulaire ; la promotion de la diversité et de l'égalité des chances, ou encore le soutien aux actions de solidarité de nos équipes à travers l'Europe.

26

Le mécénat, parlons-en…

Nous attachons beaucoup d'importance également aux actions de mécénat, une autre forme d'accompagnement au sujet de laquelle nous ne communiquons pas particulièrement. À tort, penseront certains. Certes, nous pourrions promouvoir davantage notre engagement pour attirer, motiver, réunir le plus grand nombre d'entreprises autour de projets de recherche technologique ou médicale. Jusqu'à présent, nous nous sommes concentrés sur une implication financière qui ne vise qu'à participer au progrès, à soutenir les travaux d'équipes de recherche, à favoriser l'innovation régionale sans en attendre de retombées commerciales ou publicitaires. C'est le propre du mécénat. Mais peut-être serait-il nécessaire de changer notre fusil d'épaule, de réfléchir à une communication éthique autour de notre investissement, à la fois humain et financier, en faveur de la recherche.

Outre la recherche médicale, évoquons également toutes les initiatives solidaires prises par nos équipes dans chaque pays où nous sommes implantés. Communiquer à bon escient, c'est aussi mettre en lumière toutes ces actions bénévoles auprès d'associations ou de fondations caritatives en Italie, en Pologne, au Maroc, au Royaume-Uni… Autant d'engagements solidaires dont l'impact sur la cohésion des salariés est à souligner.

À titre d'exemple, dans la région Sud-Est, le groupe Samsic a décidé de soutenir la fondation lyonnaise l'Entreprise des Possibles, créée en 2018 par l'industriel Alain Mérieux pour venir en aide aux sans-abri et aux personnes en situation de grande précarité. À travers cette action de mécénat, à laquelle s'est associée également notre filiale de recrutement Happy to Meet You, les collaborateurs de la région lyonnaise peuvent ainsi s'investir directement dans les projets de la fondation.

En Espagne, la filiale Samsic Iberia s'est engagée, en 2016, à soutenir la Fundación Integra, dont la mission est de favoriser l'intégration dans le monde du travail de personnes en situation d'exclusion sociale et de handicap. Samsic Iberia a ainsi rejoint les 56 entreprises déjà partenaires de la fondation.

En Belgique, notre filiale Multi Masters Group œuvre aux côtés de l'association Terre au Féminin pour apprendre à des femmes, au Burkina Faso, à cultiver leurs propres légumes. Multi Masters Group s'est associé notamment à l'achat d'un terrain de sept hectares destiné à la culture du sésame et du soja.

Depuis 2020, au Royaume-Uni, Samsic UK apporte son aide à l'association Rainbow Trust Children's Charity pour épauler les familles dont les enfants sont atteints d'une pathologie grave ou en phase terminale.

Autant d'équipes, autant d'exemples à travers l'Europe qui inscrivent notre groupe dans une démarche de solidarité relativement inédite.

Bretagne Atlantique Ambition

En 2014, Roland Beaumanoir, PDG du groupe Beaumanoir, Didier Ferré, président du groupe Ferré Hôtels, Thomas Savare, directeur général du groupe Oberthur Fiduciaire, et moi-même avons décidé de créer ce fonds de dotation pour soutenir la recherche médicale exclusivement dédiée aux maladies du cerveau : sclérose en plaques, épilepsie, Parkinson, Alzheimer, démence…

Plus précisément, le fonds de dotation Bretagne Atlantique Ambition (BAA) s'est donné pour mission de rassembler des patrons bretons, et plus largement du Grand Ouest, autour d'un projet commun de financement durable de la recherche via le recrutement de jeunes équipes dont les projets sont rigoureusement sélectionnés par l'Institut des neurosciences cliniques de Rennes (INCR), dont BAA est partenaire.

L'INCR a été créé en 2012 à l'initiative du professeur Gilles Edan, l'un des chefs de file de la neurologie bretonne, qui a toujours eu à cœur de promouvoir la place des neurosciences rennaises dans le monde. En créant l'INCR avec une quinzaine d'autres médecins et chercheurs, son objectif était d'aider la région Bretagne à conforter son rang de leader dans la recherche clinique sur les maladies neurologiques.

Bretagne Atlantique Ambition a totalement adhéré à cette démarche visant à développer l'excellence de la recherche médicale de pointe sur nos territoires.

Nous sommes convaincus qu'en œuvrant au maintien des savoirs et des expertises dans la région, nous contribuons, à notre niveau, au rayonnement national et international de la Bretagne.

Au total, une trentaine de chefs d'entreprise alimentent aujourd'hui le fonds BAA. Les dons sont affectés au financement du recrutement de jeunes chercheurs et à leurs travaux. Bretagne Atlantique Ambition propose deux niveaux d'engagement aux chefs d'entreprise : soit le patron candidat devient membre fondateur pour une participation à hauteur de 50 000 euros par an, soit il choisit, au titre de mécène, une contribution libre mais durable. En 2019, les dotations s'élevaient globalement à 2 millions d'euros. Depuis sa création en 2014, Bretagne Atlantique Ambition a permis le financement de 13 projets de recherche.

En 2021, huit nouveaux projets retenus par l'INCR sont en cours d'accompagnement.

Soutenir les talents de demain avec les universités

Il faut aussi miser sur les talents de demain et faire en sorte de faciliter l'insertion professionnelle des étudiants. C'est dans cette optique que nous avons signé, en 2018, un partenariat de trois ans, renouvelé en 2021, avec la Fondation Rennes 1 pour faciliter l'entrée des jeunes diplômés dans la vie active. Cette démarche nous permet aussi de faire connaître le groupe aux étudiants, dont certains seront demain salariés de Samsic.

La Fondation Rennes 1, qui existe depuis 2010, est entièrement financée par les dons de ses mécènes (quelque 950 depuis sa création), parmi lesquels Biotrial, Triballat Noyal, Crédit Mutuel Arkéa, Ouest-France, Lactalis et bien d'autres encore. Les mécènes s'impliquent dans diverses chaires dont les travaux de recherche sont le plus souvent liés au secteur d'activité de chacun. Samsic, pour sa part, a opté pour la chaire « Vivre ensemble », dont les enjeux sont de « favoriser la cohabitation harmonieuse entre les individus au sein de l'entreprise afin d'en faire un outil de performance ».

Les travaux, enquêtes, rencontres, recherches fondamentales des étudiants que nous soutenons concernent trois thématiques majeures. La première traite des différences dans l'entreprise et des façons de les faire accepter et de les gérer. La deuxième thématique concerne la lutte contre l'illettrisme dans l'entreprise. Elle complète et enrichit ainsi les actions que nous menons sur le terrain et que j'ai évoquées plus haut, dans le volet de la responsabilité sociétale. La troisième orientation de travail, enfin, vise l'aide à l'emploi des populations vulnérables.

De quoi imaginer et proposer des solutions innovantes aux entreprises, afin qu'elles deviennent à la fois plus performantes et plus humaines.

27

Communication et sponsoring

C'est un fait, malgré nos 93 000 salariés en France et à l'international, nos 2,7 milliards d'euros de chiffre d'affaires, la marque Samsic n'est pas connue, ou assez reconnue, par le grand public. Parce que nous évoluons dans ce que l'on nomme, en jargon économique, le B2B – *business to business* –, qui définit une entreprise travaillant avec d'autres entreprises, par opposition au B2C – *business to consumer* – désignant les entreprises qui s'adressent directement aux consommateurs et qui, de fait, peuvent être identifiées par le plus grand nombre. Ainsi, si je demande à quelqu'un ce qu'il pense du dernier modèle Citroën, il sait que je parle d'une voiture. Quand on évoque l'achat d'un Levi's, tout le monde comprend que c'est un jean. Idem pour des achats chez Leclerc ou Auchan, un rendez-vous dans une agence Adecco ou Manpower, etc. La marque va même jusqu'à remplacer parfois le terme générique du produit qu'elle vend : quand un enfant réclame du Nesquik dans son lait, chacun sait qu'il s'agit de chocolat en poudre. Eh bien, mon objectif serait que notre nom, notre logo déclenchent le même réflexe : identifier d'emblée qui nous sommes et ce que nous faisons.

Ballon rond, ballon ovale et petite reine

Pour l'heure, en raison de ce positionnement dans le B2B, Samsic, pour beaucoup, n'évoque rien de concret. C'est pourquoi j'ai choisi la voie du sponsoring sportif pour afficher le nom du groupe et le faire circuler plus largement.

Depuis 2004, nous sommes sponsor principal du Stade rennais, le club de football de la ville de Rennes, qui évolue en Ligue 1. Un peu plus récemment, en 2017, Samsic est devenu copartenaire de l'équipe cycliste Arkéa-Samsic. Et, en juin 2019, nous avons signé notre troisième grand partenariat sportif en officialisant une toute nouvelle collaboration avec le Lyon olympique universitaire Rugby, plus communément appelé le LOU Rugby. Cet engagement sur trois ans en tant que sponsor maillot a pour but d'accroître, là encore, notre visibilité – à condition toutefois que nous puissions effectivement faire fructifier ce marketing sportif, ce qui, en temps de crise sanitaire, devient tout à fait incertain.

À l'heure où j'écris ces lignes, un troisième confinement est mis en place en France. D'ici quelques mois, peut-être verrons-nous le bout du tunnel, et alors mes mots ne seront plus d'actualité, ce que j'appelle de tous mes vœux! Mais, en attendant, nous nous interrogeons sur le bien-fondé du

Samsic, sponsor du Stade rennais
et copartenaire de l'équipe cycliste Arkéa-Samsic
(ici, le cycliste colombien Nairo Quintana, team Arkéa-Samsic)

maintien de nos contrats, la pandémie mondiale ayant donné un coup d'arrêt brutal à tous les événements sportifs susceptibles de valoriser notre image. D'autant que le coût de ces contrats de sponsoring est important et augmente chaque année. Il est donc nécessaire d'y réfléchir à deux fois.

Hors période inédite et grave, telle celle que nous vivons depuis le début de l'année 2020, les matchs, compétitions, courses et championnats sont autant d'occasions d'afficher haut le logo et les couleurs du groupe, et celles de la Bretagne par la même occasion. Je suis conscient toutefois que ces engagements sportifs restent insuffisants pour créer, dans l'esprit de chacun, un lien avec les services que nous proposons pourtant, au quotidien, à plus de 30 000 clients dans 25 pays à travers le monde. À nous de réfléchir encore à d'autres moyens de mettre en avant nos compétences, nos services, notre rayonnement international. De songer à de nouvelles sources de communication, d'imaginer des vecteurs d'image novateurs.

Victoires des Autodidactes et Prix de l'entrepreneur

Autres vecteurs de communication, les prix et trophées qui permettent de valoriser l'image d'une entreprise. Des prix dont je suis évidemment très fier à titre personnel, mais qui récompensent en réalité chacun des 93 000 salariés qui chaque jour assurent la réussite du groupe. Affirmer cela n'est ni de la fausse modestie, ni de la flatterie vis-à-vis de nos équipes. Je pense sincèrement que, autodidacte ou pas, dans les métiers de services qui sont les nôtres, l'on peut avoir toutes les qualités de management ou de gouvernance requises, si nos prises de décision négligent l'humain, on ne sera jamais « récompensé ». Parce que ces métiers de services n'existent que par les hommes et les femmes qui les exercent, qui travaillent sur le terrain.

Les résultats ne dépendent pas d'outils de production, d'équipements industriels ou technologiques. L'humain est le premier concept au cœur du système, et l'on se doit de le respecter et de faire en sorte que la gouvernance s'en inspire au quotidien. Voilà pourquoi il me semble important d'attribuer la réussite du groupe Samsic non seulement à un homme mais à toutes les personnes, opérationnelles et fonctionnelles, qui font « tourner la machine ».

J'éprouve certes une émotion particulière quand j'évoque l'Oscar du manager 1990, première distinction reçue, quatre années seulement après notre création. Et, bien sûr, le prix des Victoires des Autodidactes, décerné en 1995, qui récompensait spécifiquement l'autodidacte que je suis et la capacité que j'ai eue à créer et développer mon entreprise. Mais le prix EY de l'Entrepreneur de l'année, décerné en 2019, traduit davantage, à mes yeux, le travail et la volonté de tous pour hisser le groupe au niveau international.

Newsletter, blog : des équipes informées et soudées

La communication, c'est aussi l'information et la valorisation de notre marque en interne : permettre à un salarié

Remise du prix EY de l'entrepreneur de l'année, en 2019.
De gauche à droite : Olivier Payen, Guy Roulleau, Loeizig Trémeaud, Mélanie Roulleau, Christian Roulleau, Cécile Geffroy, Thierry Geffroy, Philippe Vailhen d'EY

du groupe en Italie, en Slovénie ou au Maroc de connaître l'actualité de Samsic en Pologne ou au Portugal ; échanger ; mettre en avant des initiatives, qu'elles soient purement professionnelles ou liées à des actions transverses, humanitaires, culturelles ou autres. Tout cela renforce les liens, nourrit la cohésion entre les équipes, entre les pays, éveille l'esprit d'entreprise, inspire un sentiment d'appartenance, stimule les ambitions, les idées, les initiatives, suscite de nouvelles formes d'échanges.

Magali Cardoso, la responsable du service communication, gère au quotidien les informations des différents pays. Elle les synthétise puis les diffuse à tous les personnels fonctionnels du groupe via la newsletter et le blog. Cet élément de notre communication a indéniablement connu son essor pendant la période de pandémie. Confinements et télétravail ont conforté le besoin d'échanges digitaux. Cette communication interne, qui a finalement « profité » de la crise sanitaire, permet aussi d'harmoniser certaines procédures d'un territoire à l'autre, de mettre en adéquation les stratégies gagnantes.

TROISIÈME PARTIE

LES PIERRES ANGULAIRES DE LA RÉUSSITE

28

Des femmes et des hommes, clés de voûte du groupe

Les métiers de services, ce sont avant tout des femmes et des hommes. Toutes celles et tous ceux qui, au quotidien, assurent les prestations proposées par le groupe. Le socle de Samsic, c'est l'humain. Non pas un outil de production, des produits manufacturés, une logistique de denrées, un investissement en équipement, des usines ou des automatismes industriels et robotiques, mais uniquement des femmes et des hommes. Agents de sécurité, de nettoyage, de maintenance, d'accueil, d'entretien d'espaces verts, formateurs, techniciens…

Et, au sein du groupe Samsic, nos salariés ont tous, sans exception, la possibilité de progresser, d'évoluer, de se former. Beaucoup commencent leur vie professionnelle chez nous et la poursuivent en gravissant les échelons. S'ils font preuve de courage, de volonté, s'ils savent mettre en avant leurs compétences et leur sérieux, j'ai l'habitude de dire que, chez Samsic, on peut entrer ouvrier et partir en retraite avec un statut de cadre. Mieux encore, certains salariés ayant été recrutés chez Samsic dès les premiers mois ou années de sa création occupent aujourd'hui des postes à hautes responsabilités. Je ne suis pas certain qu'une telle évolution soit possible dans toutes les entreprises.

C'est une fierté pour moi de permettre aux salariés de mon groupe de bénéficier de vraies opportunités de carrière. J'explique souvent : « Chez Samsic, on n'entre pas directeur, on le devient. » En d'autres termes, on prouve ses compétences, on montre son courage, et là, immanquablement, on peut aller plus haut. Et ce ne sont pas de vains mots, puisque, tout au long de leur parcours, nous proposons aux salariés des formations diplômantes accessibles à tous, qui leur permettent de se perfectionner, d'évoluer, d'aller plus loin dans leur savoir-faire ou d'en acquérir de nouveaux. C'est dans cette optique que nous avons mis en place, au sein de Samsic, plusieurs structures de formation interne.

L'Ifes (Institut de formation des entreprises de services) intervient auprès de nos équipes dans les domaines de l'hygiène, de la propreté et des services hôteliers. Sinfoni est l'organisme de formation interne de Samsic RH qui, lui, assure la formation des intérimaires de nos agences d'emploi et de nos salariés permanents. Autre exemple : Innov'Formation, dédiée à notre personnel intervenant dans les centrales nucléaires pour la surveillance des installations ou le contrôle des accès. C'est donc bien dans le souci d'offrir plus d'opportunités professionnelles, de compétences, nouvelles ou élargies, que s'inscrit la politique salariale et sociale de Samsic.

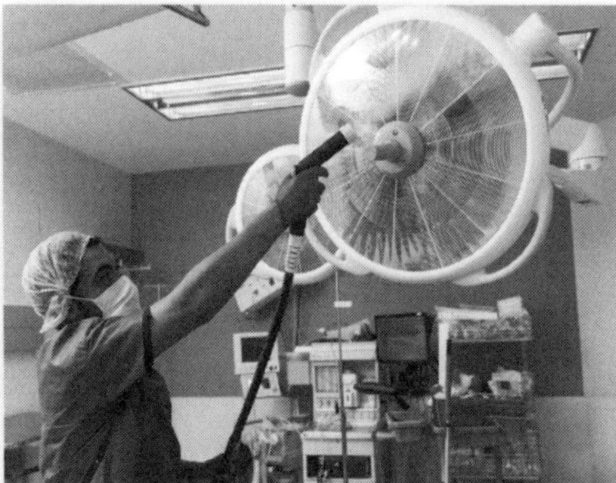

Des femmes, des hommes, des métiers

SAMSIC

Intégrer un groupe qui, d'année en année, se fortifie, étend ses domaines d'activité à la fois en matière de métiers, de zones géographiques, d'avancées technologiques et de transformation digitale, donne l'espoir de pouvoir aller loin. Plusieurs anciens salariés, aujourd'hui en retraite, m'ont un jour confié : « En entrant chez Samsic et en partant de zéro, nous n'aurions jamais imaginé exercer un jour des responsabilités, connaître un tel parcours professionnel, accéder à un bon niveau de rémunération. » Alors, peut-être est-ce dû à mon côté paternaliste que l'on me reproche parfois, mais ce modèle de fonctionnement qui accompagne les salariés et leur propose de vraies possibilités de réussite me réjouit.

Il n'est pas question pour autant de me poser en chantre de l'humanisme. Je connais aussi ma dureté et mon intransigeance. De même que je me suis toujours imposé beaucoup de rigueur et d'exigence, je les ai imposées aussi à ceux qui travaillent avec moi. Quand je prends une décision, il est vrai qu'en général je ne reviens pas dessus, au risque de froisser ou de blesser. Mais, pour emmener un groupe vers l'international, les arbitrages se doivent parfois d'être implacables.

Qu'on le déplore ou non, le monde des affaires n'est pas un champ de bleuets. Mais la rudesse, à mon sens, n'exclut en aucun cas l'humanité et l'empathie. Les prises de position, les initiatives sont empreintes de fermeté comme de bienveillance, comme le prouvent le positionnement social du groupe et son développement depuis sa création. Et c'est avec cette alchimie qu'il faut sans cesse composer, pour tirer son épingle du jeu sur des marchés qui réclament souvent plus d'intransigeance et de dureté que de complaisance.

Maryline Amet

Assistante de direction à la FOR-BZH, collaboratrice depuis 1991

Deux caractéristiques ont été fondamentales dans mon parcours au sein du groupe depuis trente ans.

Tout d'abord, la possibilité, incontestable, de gravir les échelons, d'évoluer dans l'entreprise. Je l'ai moi-même expérimenté. Recrutée en janvier 1991, après un simple baccalauréat comptable, au poste d'assistante d'établissement, mon travail, purement d'écriture, consistait essentiellement à préparer les devis. Dès 1996, j'ai accédé à un éventail plus large de tâches, auprès du DRH, au service qualité et formation puis au poste d'assistante de direction de M. Roulleau. J'avais la chance d'être à Rennes, où les besoins étaient plus nombreux et variés, et aussi de travailler dans un groupe sans cesse en croissance, ce qui multiplie considérablement les opportunités. Comme bien d'autres, j'ai pu suivre régulièrement des formations qui me permettaient de prétendre à une évolution de carrière. Parmi le personnel fonctionnel, beaucoup ont commencé chez Samsic comme animateurs de secteur, pour devenir responsables d'exploitation, puis chefs d'établissement. Certains ont intégré ensuite le siège à des postes de direction. Donc, oui, indéniablement, la chance de progresser est une réalité.

Je citerais en deuxième caractéristique la convivialité, sans vouloir verser d'aucune manière dans la complaisance. Je ne démentirai pas M. Roulleau lorsque lui-même évoque son exigence dans le travail, tant pour lui que pour les autres – exigence pouvant se traduire, comme il le souligne, par une grande dureté. Mais l'importance qu'il accorde aux gens est néanmoins indiscutable. Je l'ai toujours vu échanger avec tout le monde, surtout dans les premières années, lorsqu'il était beaucoup sur le terrain. Il s'intéressait à chacun, interrogeait les uns et les autres sur leur travail, leurs ambitions, leur vie quotidienne. Il était important pour lui de savoir qu'ils se plaisaient dans leur emploi. Je crois même que c'était une sorte de blessure, véritablement, quand quelqu'un faisait le choix délibéré de quitter Samsic.

Et que dire de ces voyages récompensant la fidélité des salariés ! Organisés tous les cinq ans, à l'occasion de l'anniversaire du groupe, les candidats étaient choisis sur le seul critère de leur ancienneté. Ont ainsi été réunies jusqu'à 200 ou 250 personnes pendant une huitaine de jours, en Chine, aux États-Unis, à Cuba. Des voyages incroyables !

29

Famille, précieux et impératif refuge

Un seul chapitre ne suffira pas à évoquer l'importance de ma famille dans la construction de ma personnalité et de mon entreprise. C'est tout à la fois un rempart, un refuge, une échappée salutaire face à la pression quotidienne, un soutien dans l'adversité et contre les drames de l'existence. Tant et si bien que ma famille fait partie intégrante de mon travail. Mes frère, sœurs, filles, gendres, neveux (y compris par alliance !), belle-sœur, tous ou presque œuvrent ou ont œuvré, à un moment ou à un autre, à la destinée du groupe Samsic.

Des amis chefs d'entreprise se sont fréquemment étonnés de cette volonté et de ma capacité à travailler entouré des miens. Cette manière de fonctionner est née des opportunités, hasards et circonstances de la vie, pour se muer, au fil des années, en une sorte d'évidence. D'ailleurs, je le précise souvent, les choix s'établissaient non pas en fonction des liens du sang mais bien, en tout premier lieu, selon les compétences ; et, puisque l'association compétences/famille fonctionnait, pour quelle raison aurais-je dû m'en priver ?

J'ai eu l'occasion, au détour des précédents chapitres, de reconnaître que je n'avais pas été, pour mes deux filles, Mélanie et Cécile, un père très présent. Ainsi formulé, cela relève, disons-le, de la litote. Pour être parfaitement honnête, il serait préférable de parler d'absence, tant mes obligations professionnelles m'éloignèrent de mes tâches éducatives, mais je n'en suis pas moins un père très aimant, qui a toujours eu le souci indéfectible de mettre ses enfants à l'abri, de tout faire pour qu'ils ne manquent jamais de rien. Néanmoins, comme chaque médaille a son revers, peut-être mes manquements passés m'ont-ils incité plus tard, dans une quête de rédemption, à adopter à l'égard de mes enfants une attitude un tant soit peu patriarcale.

Mélanie et Cécile sont celles qui pourraient le mieux en juger, car, pour mon fils Arthur, la situation s'est avérée bien différente. Il n'en demeure pas moins que mes deux filles travaillent à mes côtés avec efficacité et que les années n'ont entaché ni notre relation filiale forte, ni la fierté qu'elles m'inspirent au quotidien. Au sein de la holding familiale, baptisée FOR-BZH pour Family Office Roulleau, toutes deux dans leur domaine respectif – le pôle immobilier pour Mélanie, l'hôtelier pour Cécile – font preuve de compétence et d'une implication grandissante dans la vie du groupe, ce qui réjouit tout à la fois le père et l'entrepreneur que je suis!

Mon fils, né en 2004, a, quant à lui, une tout autre histoire, tragique, et, de ce fait, mon rôle de père a pris tout à coup, par la force des choses, une ampleur inédite. Ma seconde épouse, Carole, la maman d'Arthur, s'est donné la mort en 2014, quelques jours après Noël. Arthur n'avait pas 11 ans. Il n'existe pas de mots pour évoquer une telle tragédie et décrire le séisme qu'elle provoque. Un abîme s'ouvre alors sous vos pieds, mais vous devez continuer à vivre, à avancer, à construire l'avenir de votre enfant, en espérant qu'il soit le plus fort et le mieux structuré possible pour grandir avec cette absence.

J'ai voulu transmettre à mes trois enfants, en accord total avec leur mère respective, des valeurs fortes comme le courage, la volonté, le respect ou encore le rejet de toute vanité. Des concepts qui, dans l'adversité, aident à surmonter les épreuves, et, dans le contexte particulier qui est le leur, au titre de « filles et fils de », à garder les pieds sur terre. Arthur est encore un adolescent qui vit le moment présent, mais je ne doute pas qu'il fera siennes ces valeurs qui s'acquièrent au fil des ans. Et si, à 70 ans, il est parfois difficile d'assurer l'éducation d'un « ado », je suis très fier d'Arthur et du chemin que nous parcourons ensemble.

Ma belle-fille Charlène, la fille de Carole, a toute sa place dans cet hommage à ma famille. Elle était âgée de deux ans seulement lorsque Carole est entrée dans ma vie. Charlène, naturellement, a été très marquée par le décès de sa maman. Elle vivait et travaillait à l'étranger au moment du drame. J'ai eu à cœur, tout comme son père, toujours très présent, de l'aider à surmonter cette perte insondable et à envisager l'avenir de la manière la plus apaisée possible. Charlène est aujourd'hui mariée et mère de deux enfants, Eliott et Juliette. Les réunions familiales nous rassemblent, tous, et, une nouvelle fois, famille et entreprise se conjuguent harmonieusement, puisque l'époux de Charlène, Thibaut, travaille lui aussi chez Samsic, au service international, à Paris.

Mais la famille ne se limite pas à mes enfants et gendres. J'aimerais évoquer également mes petits-enfants, Morgan, Joshua et Loan, les trois fils de Mélanie, et Clara et Lucas, les enfants de Cécile. Ils sont jeunes encore ; les aînés n'ont pas 20 ans. Ils ont tout le temps de réfléchir à leur avenir et, plus tard, de choisir ou non de naviguer dans le sillage du vaisseau familial. Samsic ou FOR-BZH, les opportunités seront belles et nombreuses pour de jeunes compétences. Mais, là encore, les savoir-faire et le courage primeront toujours sur les liens du sang.

Bien entendu, j'inclus dans le noyau familial mon frère et mes deux sœurs. Nous sommes restés attachés tous les quatre à la Bretagne, fief de la famille. Mireille et Annie ont travaillé plusieurs années chez Samsic, respectivement aux services emploi et formation – Mireille à l'intérim pendant quatre ans, afin de clore son parcours professionnel ; Annie à la propreté d'abord, puis à la formation, soit une dizaine d'années au sein du groupe. Guy a intégré l'entreprise en avril 1998 avant de m'épauler aux commandes de Samsic un peu plus tard. Il a cette faculté de faire avancer le groupe dans le monde de demain. Le digital, l'intelligence artificielle, avec la mise en place d'une équipe dédiée, c'est lui. À n'en pas douter, l'association travail-famille a bien été, dans mon cas, vecteur de réussite et d'équilibre.

Bien sûr, le statut de « grand patron » change parfois la donne. Certains prétendent même que c'est inévitable, mais j'ai toujours réussi à faire fi de cette étiquette qui, je le pense sincèrement, n'a pas altéré mon environnement relationnel. Certes, je donne davantage de mon temps à mes enfants qu'à mes sœurs, par exemple. Je manque d'attention, je le sais, envers Annie notamment, qui a traversé des périodes très douloureuses, de deuil, de maladie. Ce n'est pas de l'indifférence de ma part, mais de la négligence certainement, et le temps qui passe fait le reste. On s'installe alors dans une sorte d'accoutumance à la distanciation – un mot très à la mode en ces temps de Covid. Chacun y trouve son compte, par inertie peut-être, en hiérarchisant les priorités familiales.

Mais je ne crois pas que ce soit l'argent qui étiole nos liens fraternels, plutôt une paresse du cœur, car l'affection demeure intacte. Nous avons réussi, me semble-t-il, à éviter les écueils et à braver les idées reçues concernant l'argent et les valeurs humaines que celui-ci est supposé pervertir. Car, finalement, dans toutes les familles, les relations filiales ou fraternelles sont amenées à se distendre puis à se renouer, se fortifier ou s'appauvrir selon les épreuves ou les cadeaux que la vie fait à chacun, sans que l'argent interfère nécessairement.

Je ne veux pas clore ce chapitre sans y inclure ma compagne, qui a su redonner des couleurs à mon existence. Et, après un parcours de travail acharné ponctué d'épreuves, j'aimerais aborder sereinement les années qui viennent en associant étroitement mes enfants à cette nouvelle tranche de vie. Toucher du doigt le bonheur, s'il existe, c'est aussi cela : pouvoir agréger les siens, tous les siens, autour de cet apaisement retrouvé, sans quoi naît fatalement un sentiment d'inachevé, d'incomplétude.

Entouré de mes enfants
(debout de gauche à droite : Cécile, Christian, Arthur et Mélanie)
et petits-enfants (de gauche à droite :
Joshua, assis sur le dossier du banc, Loan, Clara, Lucas et Morgan)

La fratrie en 2004. De gauche à droite : Guy, Annie, Christian, Mireille

Au côté de mon frère Guy

30

Le sport, catalyseur d'énergie

Je pratique le sport de manière intensive depuis la création du groupe. Chaque jour, comme un rituel, le besoin est là. Me libérer au réveil d'une sorte de carcan. Produire par l'activité sportive les endorphines qui favorisent l'équilibre entre le corps et l'esprit, le physique et le mental. Comme beaucoup, je puise dans le sport la force d'avancer plus vite, de me reconcentrer sur l'essentiel, de recharger les batteries en me « vidant la tête », en me focalisant sur l'effort physique le temps d'une course, d'un footing, d'une randonnée à pied ou à vélo. Sans le sport, j'imagine que je n'aurais pas réussi à « relancer la machine » chaque matin et à m'investir avec autant d'opiniâtreté.

On me qualifie souvent d'hyperactif. Il est vrai que je ressens le besoin de bouger sans cesse, d'imaginer, d'agir, de m'engager sur une idée neuve, un projet. Une fois atteint l'objectif, il me faut passer au suivant. Sans trêve. Toujours un pied sur l'accélérateur. Si j'ai véritablement adopté cette discipline quotidienne à la création de Samsic, le but était alors de canaliser ce cocktail détonant d'énergie et de stress que le besoin et la volonté de réussir nous imposaient à tous. Je m'approprie d'ailleurs souvent la maxime de Thomas Edison : « Les gens qui réussissent ont l'habitude de faire ce que les gens qui échouent n'aiment pas faire. » Cet adage traduit mon sentiment profond qu'il faut, pour réussir, se lever très tôt, se coucher très tard et avoir constamment, pour parler trivialement, « la tête dedans ».

Tout un chacun n'est pas forcément apte à adopter ou à désirer un tel rythme, mais, une fois engagé sur cette trajectoire, la nécessité d'un dérivatif se fait alors impérieuse. Pour moi, ce fut donc le sport, soit, depuis plus de trente ans, chaque matin dès le réveil, quoi qu'il arrive, une heure d'activité physique. Un minimum pour que la tête résiste aux défis du jour. Sans oublier, au fil des ans, cinq marathons à mon actif : ceux du Médoc (Bordeaux), de Londres, de Chicago, de Florence et de New York. Le dépassement de soi, la fierté d'atteindre un but, l'épuisement sain, l'émulation sont autant de facteurs qui nourrissent et entretiennent le corps et l'esprit.

Aujourd'hui, le vélo a pris le pas, si j'ose dire, sur la course à pied, faiblesse du genou oblige ! Du même coup, un nouveau défi se fait jour dans mon esprit : refaire Saint-Jacques-de-Compostelle, non plus à pied comme en 2010, mais à vélo, en tentant d'entraîner avec moi ma famille et mes amis et de les inciter à vivre ou revivre ces moments hors du temps, qui, indéniablement, marquent de leur empreinte une vie entière.

31

Les chemins de Compostelle ou l'antidote à la frénésie des jours

Si j'évoque l'importance de l'activité sportive dans mon quotidien pour mon équilibre à la fois physique et psychique, il en est une que je place au sommet des grands moments de mon existence : l'aventure de Saint-Jacques-de-Compostelle.

« Faire » les chemins de Compostelle, c'est vivre une expérience tout à fait unique qui associe l'effort, la méditation, la sérénité, la découverte de paysages insoupçonnés... que sais-je encore ! Si j'ai souhaité consacrer un chapitre à ces moments forts, c'est que leur seule évocation suffit à faire surgir en moi des images intactes de fraternité, d'amitié, de beauté, et tout cela sur un laps de temps relativement court. Que représentent huit petites semaines, en comparaison avec les années déjà vécues ? Pourtant, l'expérience de Saint-Jacques-de-Compostelle recèle un concentré si dense de sensations que chacun, croyant ou non, peut y voir, sinon un don du ciel, du moins un pouvoir certain de revitalisation du corps et de l'esprit.

C'est avec mon frère, Guy, que j'ai démarré cet itinéraire vers Saint-Jacques, en 2009. Partant du Puy-en-Velay, nous avions, à chaque étape, de nouveaux compagnons de route. Amis, enfants, gendres, épouses nous rejoignaient pour un bout de chemin, d'une semaine ou plus, au gré des capacités physiques et des contraintes professionnelles des uns et des autres. Chaque jour est une découverte. Je n'imaginais pas, par exemple, que la France recelait autant de bois et de forêts !

Mille six cent onze kilomètres parcourus en huit semaines. Une moyenne de 25 à 30 kilomètres de marche par jour ! Bien sûr, vu nos responsabilités, nos huit semaines furent ponctuées de quelques allers-retours professionnels après lesquels nous poursuivions notre randonnée là où nous l'avions interrompue. D'ailleurs, beaucoup procèdent ainsi, reprenant la route d'un mois ou d'une année sur l'autre. Cela dit, marcher est une chose, mais organiser la marche en est une autre ! C'est à Solange, l'épouse de Guy, que l'on doit une logistique millimétrée. Elle organisait les étapes, transportait nos bagages... Son aide nous a été très précieuse.

Nous avons traversé des régions magnifiques, des territoires sauvages qui m'étaient inconnus, comme l'Aubrac ou le Quercy. Nous choisissions à l'avance de petits hôtels pour des haltes bien méritées où chacun puise l'énergie nécessaire pour reprendre l'aventure au petit matin. Rien de grandiose, les douches étaient parfois communes, au fond d'un couloir. Le soir, un plat unique pour tout le monde était servi, simple mais copieux. Chacun n'avait en tête que de se restaurer, de soigner ses ampoules aux pieds, de reposer son corps courbatu et de s'endormir vite afin d'être d'attaque le lendemain.

Le chemin français qui démarre au Puy-en-Velay se nomme la via Podiensis; c'est l'un des quatre itinéraires menant en Espagne. Là, c'est au village de Puente la Reina, dans la province de Navarre, que l'on rejoint le fameux Camino francés menant à Santiago de Compostela. Mais la destination finale historique du pèlerinage, c'est Fisterra (avec l'admirable cap Finisterre). Un « diplôme » spécifique est d'ailleurs remis aux marcheurs qui atteignent cette ultime étape. À l'origine, c'était à Fisterra, à l'époque petit village de marins, que les pèlerins se voyaient remettre, en signe d'accomplissement, la célèbre coquille Saint-Jacques, symbole qui marquait la fin du périple. Pour nous, il était important d'aller tout au bout du parcours. Et, bien sûr, à chaque nouvelle halte, nous faisions tamponner la fameuse *credencial*, cette longue fiche attestant votre passage.

Sur les chemins de Saint-Jacques, on croise immanquablement des gens de toutes sortes : de véritables pèlerins tournés essentiellement vers leur foi, de grands randonneurs relevant un nouveau défi sportif, d'autres encore qui ont pris l'engagement de faire le pèlerinage de Saint-Jacques pour un être cher, des marginaux, des originaux, des croyants, des non-croyants… Tous sont portés par une même détermination : se dépasser, pour soi ou pour autrui. Et la magie opère! Le mélange des genres, la diversité des idées et des vies me réjouissent davantage que le formatage. D'ailleurs, chez Samsic, j'ai longtemps travaillé sur le terrain au contact de

Sur les chemins de Saint-Jacques-de-Compostelle.
De gauche à droite : Christian Roulleau, Guy Roulleau, Carole Roulleau, Daniel Roullier et son épouse, Didier Ferré

gens très différents, d'origines sociales variées, et j'ai toujours été à l'aise avec tous.

Dans son livre *Immortelle randonnée*, le médecin, écrivain et diplomate Jean-Christophe Rufin écrit : « En partant vers Saint-Jacques, je ne cherchais rien et je l'ai trouvé. » Cette phrase me parle infiniment, car on revient assurément autre de Saint-Jacques, quand bien même aucune quête précise ne nous y a mené. Les artifices du quotidien perdent de leur pouvoir, il existe une dimension spirituelle, y compris pour les agnostiques. On se recentre sur soi, sur l'essentiel. D'ailleurs, suis-je moi-même agnostique ? Non, je suis croyant, fondamentalement, mais je manque de courage pour être pratiquant. Les hommes d'Église m'ont trop souvent déçu par des discours sans saveur, sans force, quand j'aurais aimé être transporté par des mots puissants. Récemment encore, lors d'une célébration à laquelle j'assistais, le curé qui officiait est si bien parti dans tous les sens que j'ai cru qu'il voulait nous vendre sa 2 CV ! Mais nous faire vibrer, faire résonner sa foi et réveiller davantage la mienne, pas vraiment. Je garde en moi les fondamentaux de mon éducation catholique, ses valeurs. Les années passant, peut-être leur donne-t-on une plus grande importance. L'idée de la mort se fait plus prégnante. Plus on s'en approche, plus on y pense. La foi, l'idée de l'au-delà aident sans doute à envisager plus sereinement le fameux clap de fin.

Sur ces journées communes de randonnée, mon frère n'a pas forcément le même ressenti. En réalité, chacun y puise ce que son état d'esprit du moment le porte à trouver. Les attentes sont différentes d'un être à l'autre. Guy aurait aimé, je crois, que je sois moins silencieux, que les heures de marche partagée soient autant d'occasions de se dévoiler, se redécouvrir, mettre en lumière certaines interrogations jusque-là sans réponse. Une sorte de quête fraternelle, quand j'y voyais, moi, davantage une proximité dans l'effort.

32

« L'amitié se nourrit de communication », Michel de Montaigne

L'amitié, la vraie, est aussi l'une des chevilles ouvrières, à mon sens, de la réussite, englobant vie privée et vie professionnelle. C'est un lieu commun, j'en conviens, mais l'amitié nourrit le succès, car elle permet, j'imagine, de se battre, d'avancer avec plus d'ardeur, de lutter plus efficacement, de communiquer, de partager bons et mauvais moments. Les véritables amitiés dépendent, à mon avis, de la capacité de choisir ses amis en sachant évaluer les risques que l'argent fait courir : jalousie, convoitise…

On m'a souvent opposé le fait que l'argent et la réussite corrompent les relations, humaines en général, amicales et amoureuses en particulier. Je surestime peut-être mes capacités de clairvoyance, mais je crois être assez perspicace pour deviner les intentions des uns et des autres. Sans aucun doute se rapproche-t-on davantage des personnes qui vous ressemblent. Mais ceci ne se vérifie-t-il pas dans toutes les classes socio-professionnelles? J'ai effectivement des amis sincères qui ont fait de remarquables parcours; Roland Beaumanoir, Didier Ferré, Daniel Roullier, Louis Le Duff, pour ne citer qu'eux. Mais, quel que soit son profil, il est évidemment plus courant et aisé d'évoluer dans son propre milieu; la convoitise, la jalousie, la rancœur y trouvent sans doute moins leur place.

D'ailleurs, au risque de paraître sévère vis-à-vis de personnes dont j'ai croisé la route, le temps et l'expérience m'ont appris que ce ne sont pas les plus riches qui jouent les m'as-tu-vu. J'ai, certes, des amis fortunés, mais leur grande simplicité en surprendrait plus d'un et en remontrerait à beaucoup. Et, à l'inverse, j'ai souvent côtoyé des personnes, à l'aise matériellement parlant sans être « fortunées » au sens littéral du mot – des professions libérales notamment – et dont la plus grande fierté était d'étaler leur argent, encore et encore, sans vergogne et sans modération. Mais ces gens-là, je ne les fréquente pas. Mieux : je les fuis.

Je suis très sollicité, mais je sais me protéger et choisir ceux dont l'amitié ne dépend que de la richesse des moments partagés. Ainsi, si je reçois quelque deux cents invitations dans l'année, je n'en honore pas cinquante, ni même vingt. Je suis toujours très vigilant, au risque d'être perçu comme austère ou hautain. Ce que je ne suis indéniablement pas. Mais c'est à ce prix que l'on peut garder les pieds sur terre et que l'on parvient à ne pas se laisser happer par de trompeuses relations.

Le Club des trente

Parmi mes proches amis, bon nombre sont, comme moi-même, membres du Club des trente, association de dirigeants bretons créée à la fin des années 1980 pour débattre, œuvrer au développement de la Bretagne et promouvoir son identité et ses atouts. C'est un lieu d'échange informel, certains diront « secret » ou « opaque », il n'en est rien; simplement, à sa création, les patrons bretons ont souhaité ne pas être tributaires d'une structure rigide, ne pas s'enfermer dans un carcan formaliste. Donc, pas d'adhésion, pas de structure juridique, on y entre par parrainage.

C'est Louis Le Duff, au nombre des membres fondateurs du club, qui m'a coopté à l'époque. J'ai intégré le Club des trente en 2000. Nous y partageons des valeurs communes sur l'entrepreneuriat, le monde économique, la Bretagne : désenclavement, compétitivité économique, influence, défense de l'identité régionale, de l'emploi... Toutefois, l'esprit fondateur de ce lobby breton s'est somme toute un peu appauvri au fil des ans, en passant d'une notion strictement bretonne à celle, plus impersonnelle, de « Grand Ouest ».

Aujourd'hui, le club compte une soixantaine de membres – contre une quinzaine à ses débuts – qui ne sont plus exclusivement bretons mais aussi ligériens, vendéens. Le risque, me semble-t-il, est bien réel de perdre notre identité et notre force de persuasion en élargissant de manière inconsidérée notre périmètre de réflexion et d'action. La Bretagne parle à beaucoup, y compris hors de nos frontières; le « Grand

Ouest », nettement moins. Et comment valoriser notre Bretagne si ses contours se diluent dans un espace flou ? Nos valeurs et nos intérêts régionaux peuvent-ils être défendus avec autant de vigueur et d'attachement si les territoires se confondent ?

Daniel Roullier

Président du groupe Roullier, ami de Christian Roulleau

J'ai fait la connaissance de Christian Roulleau au sein du Club des trente. Notre amitié, longue maintenant d'une vingtaine d'années, jamais ne s'est démentie. Sommes-nous faits du même bois ? Un peu tout de même… Économiquement, intellectuellement, nous nous retrouvons, indéniablement. Géographiquement aussi, puisque nous sommes nés tous deux dans les Côtes-d'Armor et que chacun a, dans des domaines bien différents, bâti un groupe international et familial dont le siège est resté ancré en Bretagne. Alors, oui, incontestablement, nous avons quelques points communs !

Si Christian m'appelle à 2 heures du matin pour un problème, je n'hésite pas une seconde, je me lève et j'y vais. L'inverse est tout aussi vrai. Épicure disait : « Ce n'est pas tant l'intervention de nos amis qui nous aide mais le fait de savoir que nous pourrons toujours compter sur eux. » Eh bien, Christian fait partie de ces gens dont on n'a pas besoin qu'ils fassent pour être tout à fait certain qu'ils feront. Ce type-là, c'est un « monstre », en quelque sorte. Un « monstre », parce qu'il est grand. Parce qu'il est fort. Parce qu'il a une voix terrible. Parce qu'il gueule. Parce qu'il aime ça. Il aime être entendu, et tout le monde l'écoute. Il a cette capacité formidable à toujours capter l'attention et l'intérêt. Et quand il s'exprime, on l'écoute, c'est comme ça ! Et cette capacité d'entreprendre ! Cette volonté ! Les années passent, et Christian garde intacte cette passion de créer, d'aller de l'avant. Se ment-il à lui-même sur le temps qui s'échappe – comme moi, peut-être ? Toujours est-il que, chez lui, cette volonté et cette énergie paraissent inébranlables. Et puis, si tout le monde a un potentiel, tout le monde ne sait pas l'exploiter. Lui, si ! C'est une force remarquable. Christian a aussi su s'entourer, trouver les compétences, faire confiance.

Quand je parle d'amitié, celle-ci ne se limite évidemment pas à notre strict univers professionnel. Nous partageons des loisirs, des vacances. On marche beaucoup, on échange sur les passions des uns et des autres. Et, bien sûr, on refait le monde – politique notamment, économique évidemment – comme tous bons amis qui se respectent. Sachant que, si nous étions à la place des ministres concernés, nous ferions différemment, et beaucoup mieux, cela va sans dire !

Sur l'aspect succession et pérennité d'une entreprise, nous n'avons pas forcément la même vision. Les statistiques sur ce qui se fait depuis un siècle, non pas en Bretagne, ni en France ni même en Europe, mais à travers le monde, révèlent que plus de 90 % des entreprises ne résistent pas à une gouvernance familiale au-delà de trois générations. Il peut y avoir des exceptions, certes. En fait-on partie, lui et moi ? L'avenir de nos groupes respectifs le dira. Toutefois, je ne crois pas que génétique et transmission fassent forcément bon ménage. Je partage néanmoins l'avis de Christian : les jeunes ont autant de potentiel, je crois même qu'ils en ont beaucoup plus. Il suffit de lire les journaux où abondent les exemples de gens qui, avant 30 ans, font infiniment mieux que nous.

QUATRIÈME PARTIE

TRANSMISSION ET PÉRENNITÉ

33

FOR-BZH, famille et Bretagne à l'unisson

Comme son nom l'indique, la structure FOR-BZH – pour Family Office Roulleau – rassemble la famille autour d'un éventail d'activités parallèles aux métiers du groupe Samsic qui, lui-même, appartient à la holding.

À de nombreuses reprises, des personnes m'ont demandé : « Mais pourquoi ne vends-tu pas ? » La réponse est simple. Depuis fort longtemps, mon objectif est clair : rester un groupe familial et conserver notre identité régionale. En deux mots : préserver la famille et la Bretagne ! Car, aussitôt que vous mettez le doigt dans l'engrenage d'un groupe, d'un fonds ou d'une multinationale, le risque est grand de se voir dissous dans les limbes de la mondialisation. Combien de sociétés en Bretagne ont été ainsi absorbées, au point de perdre leur substance régionale, leur identité familiale ! Lors de rachats, les sièges sociaux sont fréquemment transférés, les implantations restructurées, les emplois locaux fragilisés.

Les régions perdent alors des fleurons qui véhiculaient une image, insufflaient une force économique aux territoires. En privilégiant notre ancrage régional, la dimension internationale du groupe valorise et impacte la Bretagne et les Bretons.

Ainsi, lorsque j'ai pris la décision, lourde mais non moins raisonnable, de quitter le navire Samsic, je me devais de rendre l'édifice pérenne, mon but premier étant de protéger mes enfants et petits-enfants. Laisser ma place, c'était aussi m'ouvrir à d'autres horizons, mais toujours dans l'idée d'entreprendre, de construire pour l'avenir. L'envie de créer n'a que faire des années qui passent.

Le groupe Samsic étant à 100 % la propriété de la famille Roulleau, j'ai décidé de céder 90 % du capital à mes trois enfants, d'en conserver 10 %, et choisi de désigner, au sein de la holding, trois « sages » pour des conseils avertis et des avis mesurés. Nommés pour cinq ans, ils sont consultés pour toute décision, tout projet à mettre en œuvre. En tant que président du conseil de gouvernance de la FOR-BZH, il était de mon devoir, ne sachant ce que l'avenir nous réserve, de cadrer l'organisation et, si je venais à disparaître, de leur déléguer ainsi un véritable rôle décisionnaire. Ce conseil des sages est constitué de Serge Clémente, président du groupe Indigo, de Christian de Gouville, ancien président de KPMG, et de Didier Valet, ex-directeur général délégué de la Société Générale et président de la société de conseil en management Xanthe Conseil. Chacun, dans son domaine d'expertise – industrie, modèle organisationnel, finance –, est apte à orienter la FOR-BZH dans la meilleure direction.

Si le groupe Samsic compose la genèse de la holding familiale, constitue sa première raison d'être, la FOR-BZH chapeaute désormais un nombre croissant d'activités qui se sont organisées autour de divers pôles ; immobilier, hôtellerie/thalassothérapie, activité viticole, prise de participations. Et demain, pourquoi pas la vinothérapie, les cures thermales… J'aurai alors bouclé la boucle en abordant toutes les sources de soins : la mer, le vin et l'eau de source issus de la terre. Mais, à tous ces champs d'action, je voudrais en adjoindre un autre dans les années à venir, strictement financier cette fois, afin de consolider l'édifice. En effet, si demain l'un de mes enfants ou petits-enfants décidait, malheureusement, de quitter le navire, il faudrait être en capacité de racheter ses parts sans mettre en péril tout l'ensemble.

Parler de sécurité, de pérennité, c'est penser non seulement à sa descendance mais aussi à la structure née en 1986 qui a prospéré, créé des dizaines de milliers d'emplois en France, en Europe puis à travers le monde. Qui, après avoir bataillé plus de trente ans pour bâtir un « empire », pourrait songer « après moi le déluge » ? Insensé à mes yeux ! Je veux donc tout mettre en place pour que l'organisation et l'avenir restent harmonieux en préservant à la fois ma famille et tous ceux, salariés opérationnels et fonctionnels, qui œuvrent à la bonne marche et à l'expansion du groupe depuis sa création jusqu'à aujourd'hui.

À Mélanie, le pôle immobilier

Ma fille aînée, Mélanie, a rejoint le groupe après des études de droit et une première expérience professionnelle dans le social. Elle était éducatrice spécialisée, tout comme son mari, Loeizig. Une orientation qui ne la prédestinait nullement à intégrer un groupe de « facility »! Mélanie et Loeizig ont répondu présents lorsque nous avons voulu structurer durablement les diverses initiatives sociales, et particulièrement celles en faveur des personnes en situation de handicap. Ils vivaient à Nantes et sont revenus à Rennes, Loeizig pour travailler au service Emploi et Handicap, Mélanie au service juridique puis immobilier.

Désormais à la tête du pôle immobilier de la holding, Mélanie s'investit avec beaucoup de détermination dans la FOR-BZH. Le pôle englobe tout ce qui concerne l'actif immobilier, soit quelque 250 millions d'euros. Le rôle de Mélanie est de superviser le déploiement de tous nos projets. Elle gère aussi bien les achats d'immeubles que les travaux de construction ou de rénovation des bâtiments en France et en Europe. Elle est accompagnée dans cette lourde tâche par ce que j'appelle un « sachant », en l'occurrence Olivier Robin, ingénieur diplômé de l'ESTP qui a développé son expertise plusieurs années au sein du groupe Vinci.

Le pôle immobilier, c'est aussi notre grand projet d'EuroRennes, qui verra le jour, si tout se passe bien, en 2025. Un programme ambitieux de plus de 120 millions d'euros pour quatre bâtiments jouxtant la gare LGV : un immeuble de grande hauteur (IGH) de 200 logements;

à côté, un deuxième bâtiment abritera une maison de l'emploi, un hôtel et un restaurant panoramique. En face de l'IGH se trouvera le nouveau siège de Samsic et enfin, à côté de l'hôtel, un petit bâtiment collectif. À ces quatre édifices s'ajoute un ancien octroi qu'il nous a été demandé de préserver. Nous y envisageons, si la configuration du lieu l'autorise, l'implantation d'un Café Joyeux, en partenariat avec Yann Bucaille-Lanrezac, le fondateur de ces lieux solidaires dont le slogan « remettre le handicap au cœur de nos villes et de nos vies » nous parle profondément.

Parallèlement à tous ces projets, nous développons aussi une activité promotion immobilière dans laquelle nous intervenons aux côtés de promoteurs, Bati Armor notamment, sous forme d'*equities* : une participation en fonds propres sur des programmes neufs.

Mélanie Roulleau

Directrice générale du pôle immobilier, fille aînée de Christian Roulleau

Le monde des affaires, du commerce, de l'entreprise, je ne me sentais pas faite pour cela ; mon père, c'était son univers. Du plus loin que je me souvienne, ce qui l'a toujours fait avancer, se lever chaque matin, c'est le business ! Pour me réaliser, j'ai choisi de m'orienter, après des études de droit, vers le social. C'était un domaine qui me motivait et dans lequel j'ai commencé ma vie professionnelle en exerçant plusieurs années, à Nantes, dans la structure où travaillait déjà mon futur mari et où nous nous sommes rencontrés. S'occuper au quotidien d'enfants souffrant de troubles du comportement, c'est très lourd mais très gratifiant. On est au cœur de l'humain, il y a un réel sentiment d'utilité. Outre les enfants, ce sont aussi des familles qu'il faut gérer, accompagner, épauler.

Mon père ayant l'art de convaincre, j'ai finalement rejoint le groupe Samsic en 2010. Il se dit stratège ? C'est tout à fait exact. Il sait y faire pour regrouper « son petit monde » autour de lui. Et l'opportunité était belle, le moment sans doute venu aussi, de revenir à Rennes et de m'impliquer dans le projet familial.

Il m'a fallu trouver ma place en tant que « fille de Christian Roulleau », ce qui n'était pas forcément aisé. Avec trois années de droit derrière moi, j'ai pu démarrer au service juridique, tracer mon chemin, me familiariser avec les arcanes de l'entreprise. J'ai un tempérament plutôt discret, un trait de caractère qui m'a été utile pour me fondre dans une équipe, me faire accepter par et pour mes compétences en misant sur un bon sens de l'adaptation.

Dans le cadre de la FOR-BZH, les choses sont très différentes. Je m'y sens plus à ma place, plus légitime. Travailler au sein de la holding familiale devient une évidence chaque jour davantage. Avec mon équipe, malgré la crise sanitaire, nous avons déjà mené nombre de projets d'achats, de travaux, de développement. La mission du pôle immobilier est de gérer les actifs de la FOR-BZH, de valoriser, commercialiser le parc immobilier réparti sur l'Hexagone et en Europe. Aujourd'hui, la holding est propriétaire d'une soixantaine de bâtiments.

Mon père est très heureux, c'est un fait, que ses deux filles s'investissent dans les grands projets de la holding. Lui-même intervient dans chacun des dossiers et reste, qu'on le veuille ou non, le repère, la référence, la cheville ouvrière pour toutes les grandes décisions. C'est bien lui, le lien entre nous tous. Après lui, il faudra que nous sachions faire preuve de la même audace. De la même capacité à mener les troupes. Du même esprit fédérateur. Y parviendrons-nous ? L'histoire le dira…

À Cécile, le pôle hôtelier

L'expérience de Cécile dans le groupe familial est plus ancienne. Elle a été mon assistante pendant près de dix ans puis a intégré le service communication. Elle connaît parfaitement le groupe et, aujourd'hui, se consacre totalement à la gestion du pôle hôtelier. À ses côtés, le « sachant » est Hervé Duperret, qui a successivement fait ses armes chez Sodexo et Accor pour, ensuite, assurer pendant dix ans la direction générale du célébrissime cabaret parisien le Lido. Il apporte son expertise dans tous les projets d'achats, de rénovation, de stratégie commerciale de nos établissements, déjà ouverts ou en cours d'aménagement.

Hervé Duperret a rejoint Cécile en janvier 2021 seulement puisque, outre le coup d'arrêt imposé par la crise sanitaire, notre activité hôtelière est somme toute très récente. Elle a débuté avec l'achat de l'hôtel cinq étoiles Parister, à Paris, en 2019. S'ensuit un deuxième projet à Paris, rue du Château-Landon dans le Xe arrondissement, où nous construisons un établissement quatre étoiles baptisé Le Bloom. À Rennes, deux autres hôtels sont en gestation : l'un, cinq étoiles, sous l'enseigne Mama Shelter, en partenariat avec le groupe Legendre, place de la Trinité, au cœur de la ville, et le second qui s'inscrit dans notre ambitieux projet immobilier d'EuroRennes.

Cécile et son équipe, dans ce pôle hôtelier, ont aussi en charge l'activité thalassothérapie, qui compte désormais les centres de Pornic, Dinard et Perros-Guirec. Nous avons profité de l'arrêt forcé des confinements décrétés en raison de la crise sanitaire pour effectuer quelques travaux de rénovation à Pornic. À Dinard, la thalassothérapie, tout récemment rachetée – en mai 2021 – à l'Omanais Samir Fancy, affiche complet mais fermera ses portes durant six mois, à compter d'octobre 2022, pour se refaire une beauté. Quant aux anciens thermes marins de Trestraou à Perros-Guirec, dont les bâtiments ont été entièrement déconstruits, la pose de la première pierre du nouveau centre a eu lieu en juin 2021 pour une ouverture prévue en 2023. Nous accompagnons le porteur de projet, à la condition d'acheter l'ensemble au bout de trois années.

Cécile Geffroy

Directrice générale du pôle hôtelier, fille cadette de Christian Roulleau

Travailler avec mon père, c'est une longue expérience puisque, avant de m'investir dans la gestion du pôle hôtelier au sein de la FOR-BZH, j'ai été pendant dix ans son assistante. J'avais 25 ans, pas vraiment de compétences au départ, mais un atout de taille : je connaissais le « personnage ». Ça aide ! Le fait d'être la fille de Christian Roulleau ne m'a jamais posé de problème, j'ai toujours fait en sorte de ne pas profiter de la situation, de rester à ma place. Je n'ai jamais ressenti d'hostilité vis-à-vis de mon statut. Mon avantage certain, sachant que mon père pouvait être très dur dans le travail, était de ne pas éprouver d'inquiétude particulière à lui parler d'un problème, d'une décision à prendre, ce qui n'était pas forcément le cas pour ceux qui m'entouraient et qui pouvaient redouter ses remarques parfois acerbes. C'est son tempérament, il monte très vite « en pression », mais, incontestablement, malgré sa rudesse, mon père est quelqu'un de très humain et attentif aux autres. Il a le mérite de trouver d'abord des qualités aux gens plutôt que des défauts. Certes, il ne reviendra jamais sur une décision prise. Mais sa force réside dans sa capacité à surmonter rapidement les problèmes, à se remettre d'aplomb très vite, à rester froid devant les événements, à tenir le cap dans l'adversité. Je suis consciente de ses travers mais également de sa générosité et de son courage.

Après mes dix années au poste d'assistante, j'ai intégré le service communication du groupe avant de prendre la responsabilité, en 2020, du pôle hôtelier de la holding familiale. Comme Mélanie pour la partie foncière, je suis bien entourée. L'expertise d'Hervé Duperret m'est précieuse et nous travaillons de concert sur les différents projets : les hôtels, mais aussi les thalassothérapies de Pornic et Dinard. Le Covid a, bien sûr, freiné momentanément nos ambitions, puisque l'activité s'est interrompue de longs mois, mais elle a repris de plus belle à la sortie du dernier confinement.

Les prises de décision sont plus faciles quand vous vous savez épaulée par votre père et par votre mari. Lorsque j'ai rencontré Thierry, en 1998, il travaillait depuis plusieurs années déjà chez Samsic, où il a occupé successivement des postes à responsabilité : chef d'établissement, directeur régional, président de Samsic Emploi. L'évolution vers la présidence du groupe s'est opérée assez logiquement. Je n'ai pas eu peur de ce nouveau défi. Bien sûr, au titre d'épouse, que vous le vouliez ou non, vous vous devez de rester en retrait. Mais l'inverse serait tout aussi vrai, ce n'est pas lié au fait d'être homme ou femme. Quand l'un prend les rênes d'un groupe de cette dimension, l'autre doit faire en sorte que le système fonctionne. Je n'ai aucun état d'âme sur le fait d'être ou non au second plan. Et, aujourd'hui, m'investir dans la holding familiale est un défi suffisamment important pour ne pas se poser mille questions sur la place de l'un, le statut de l'autre.

Le Parister

Le centre de thalassothérapie de Pornic

Château Dauzac, un Breton dans le Bordelais

C'est en 2019, juste avant l'achat dans le quartier Opéra, à Paris, de l'hôtel Parister, que la FOR-BZH a fait l'acquisition de Château Dauzac, grand cru classé en 1855, domaine viticole emblématique de l'appellation Margaux racheté à la Maif. Une acquisition onéreuse dont je ne souhaite pas communiquer ici le montant, même si nombre de journaux et magazines l'ont rendu public. En traitant avec la Maif, j'ai eu le grand plaisir de faire la connaissance de Dominique Mahé, son président, et Pascal Demurger, son directeur général. Deux personnalités d'un univers très différent du monde économique traditionnel, des gens remarquables, d'une grande droiture. Les relations dans ce qu'il est bon d'appeler le « business » ne sont pas toujours empreintes d'autant de probité, d'où l'importance de mettre en avant ces belles rencontres quand elles surviennent.

Un domaine cher, donc, mais dont les promesses sont grandes. Pour cela, je m'appuie sur le directeur général du domaine, Laurent Fortin, à qui j'ai instamment demandé de rester aux commandes, son haut niveau de connaissance du vin étant tout à fait indispensable à la bonne exploitation du vignoble. Comme pour nos croissances externes, j'ai choisi de lui proposer une participation au capital à la condition expresse qu'il reste à nos côtés jusqu'à ses 65 ans – il en a aujourd'hui 53 – pour faire vivre et fructifier le domaine.

Laurent Fortin a beaucoup bataillé en faveur de la famille Roulleau. La joute a été rude, nous étions en concurrence avec la famille Cathiard (Château Smith Haut Lafitte et

Caudalie) et l'avons emporté de haute lutte. Une fois l'affaire conclue, il était donc primordial, dans un domaine aussi pointu que les grands crus, de s'appuyer sur l'expertise de Laurent Fortin, diplômé de la Harvard Business School, grand connaisseur des vins et des marchés mondiaux avec une longue expérience en Asie et aux États-Unis.

Château Dauzac est une propriété de 120 hectares, dont 49 plantés de vignes : 47 en appellation Margaux et deux en appellation Haut-Médoc. Un peu plus de 35 salariés y travaillent à l'année, auxquels s'adjoignent entre 100 et 180 personnes à la période des vendanges et lors des grands travaux saisonniers. Nous produisons le Château Dauzac, grand cru classé en 1855, deux sélections parcellaires : Labastide Dauzac et Aurore de Dauzac, ainsi que le Haut-Médoc de Dauzac. Le vignoble est planté à 67 % en cabernet-sauvignon, à 21 % en merlot et les 12 % restants en petit verdot.

Château Dauzac est à l'origine d'un grand nombre d'innovations, dont la fameuse bouillie bordelaise en 1866, la thermorégulation en 1955, ou encore, beaucoup plus récemment, les cuves en bois à double douelle transparente, conçues avec le cabinet d'étude de la tonnellerie Seguin Moreau pour optimiser les macérations. Aujourd'hui, ce type de cuves est largement répandu dans les propriétés viticoles. Château Dauzac est aussi le premier grand cru classé à replanter des vignes « franc de pied » – c'est-à-dire sans porte-greffe – sur un grand terroir de graves de Margaux.

La recherche de la perfection et de l'innovation au service du vin est le leitmotiv de Laurent Fortin, adepte du *kaizen*, ce concept japonais basé sur un principe d'amélioration permanente. Depuis 2016, des vins véganes sont élaborés avec, à l'étape du collage, un ajout non pas de blanc d'œuf mais de protéines végétales. Si le mot « végane » revêt une connotation parfois fort négative, ou extrémiste, parlons plus exactement d'une démarche écologique où le 100 % végétal prend tout son sens, pour le respect le plus strict de la biodiversité et de la biodynamie.

Trois cent mille bouteilles issues des vignes de Château Dauzac sont produites chaque année, auxquelles s'ajoutent les marques et cuvées développées par l'équipe de Château Dauzac hors du domaine (sur les côteaux de Garonne, dans le Gers…).

Notre entrée récente au capital de la Maison Montagnac va nous permettre d'ajouter une nouvelle corde à notre arc en devenant également négociants. À tout cela s'ajouteront sous peu, je l'espère, d'autres acquisitions pour développer, par exemple, la vinothérapie ou encore l'œnotourisme, déjà bien organisé à Château Dauzac, qui reçoit près de 7 000 visiteurs par an.

Accompagner les innovateurs et créateurs de demain

Parallèlement au mécénat proprement dit, qui s'inscrit strictement dans le cadre du groupe Samsic, nous développons au sein de la FOR-BZH des actions en faveur de start-up ou de jeunes PME régionales qui nous semblent porteuses d'innovation et de croissance. Le but n'est pas

Château Dauzac

de les soutenir dans la durée mais de leur fournir un coup de pouce par une participation minoritaire au capital de quelques années. J'interviens aussi auprès des dirigeants pour les guider dans leurs choix commerciaux, stratégiques ou autres.

Cet accompagnement, nous le menons en solo, de façon hyperactive, en intervenant directement auprès des entreprises sélectionnées. C'est le cas, par exemple, avec Bouchers Services, une entreprise prestataire dans la découpe de la viande. Certes, l'activité n'a rien à voir avec les nôtres, mais nous avons choisi de soutenir la transmission générationnelle de cette structure familiale. Nous intervenons aussi sous un angle plus indirect via des fonds financiers qui soutiennent de jeunes pousses, des repreneurs d'entreprise, des créateurs… Ces trois fonds auxquels nous participons, Go Capital, NCI et le tout jeune Épopée Gestion, cofondé en octobre 2020 par Ronan Le Moal et Charles Cabillic, privilégient les initiatives liées au territoire, et cela nous inspire et nous encourage à participer de façon pérenne à l'émergence de nouveaux talents.

Quelques conseils à la jeune génération

Ayez de la volonté. Soyez justes. Soyez bons, mais soyez fermes. Sortez de votre périmètre de confort. Enrichissez-vous de l'expérience des autres. Apprenez de vos échecs et de vos erreurs. Je dis souvent, et depuis longtemps, qu'un échec bien accepté amène de grandes victoires. Je me suis rendu compte récemment que j'avais dû m'inspirer d'une citation de Max-Pol Fouchet retrouvée au détour d'une lecture : « Les défaites de la vie conduisent aux grandes victoires. » Je pourrais également citer Nelson Mandela : « Je ne perds jamais. Soit je gagne, soit j'apprends. » Ce sont des mots que l'on doit, à mon avis, garder à l'esprit si l'on veut aller de l'avant. Ils inspirent et motivent.

Il me semble impossible de réussir quand on ne possède pas la capacité de surmonter les échecs. Si vous n'avez pas, chevillée au corps, la force de passer l'obstacle, vous ne pourrez pas envisager d'accomplir de grandes choses. Dans la même veine, je me réfère aussi depuis fort longtemps à cette maxime de Thomas Edison, que j'ai déjà citée à propos du sport : « Les gens qui réussissent ont l'habitude de faire ce que les gens qui échouent n'aiment pas faire. » Elle traduit exactement, selon moi, la dose d'opiniâtreté et de courage nécessaire pour atteindre son but et se surpasser constamment. Car réussir, c'est accepter, sans renâcler, de se lever tôt, de se coucher tard, de travailler énormément, et plus encore. Les performances sont à ce prix. Ceux qui n'ont pas la volonté de s'y tenir pourront difficilement prétendre au succès.

Briguez toujours la mieux-disance

Si l'on se focalise sur l'aspect strictement économique, vous devrez tenir compte d'un triptyque : satisfaire vos clients, respecter vos salariés, faire gagner de l'argent à votre entreprise. La réussite repose sur l'alchimie de ces trois impératifs, à mon sens indissociables.

Mais l'exercice est périlleux, tant il est nécessaire de s'adapter et, dans le même temps, de lutter contre la frénésie de la moins-disance. On y est confronté partout, tout le temps. C'est une tendance sur l'ensemble des marchés mondiaux. Vous serez tenus à la fois d'y répondre et de préserver la qualité des services, donc de trouver le juste équilibre entre la moins-disance et la mieux-disance. Au sein du groupe Samsic, c'est à un véritable travail d'horloger que s'astreignent nos bureaux d'études, tant il est vrai que de mauvaises prévisions de rentabilité peuvent mener à une catastrophe. Mais la contrainte de la moins-disance reste toutefois permanente.

Apprenez à dire « non »

Échapper à ce contexte de moins-disance, ou au moins le contenir, nécessite aussi de lutter pied à pied contre la facilité. Pour illustrer cette tentation d'aller au plus facile, je citerai l'exemple d'un potentiel marché avec Air France pour lequel il m'a fallu faire preuve de fermeté à l'égard de quelques collaborateurs.

« — Monsieur Roulleau, m'annonce fièrement, un jour, l'un de nos commerciaux, nous avons une belle opportunité avec Air France.

— C'est-à-dire ?

— Eh bien, c'est un marché national, monsieur Roulleau ! Par contre, ils nous demandent de serrer les prix, nous ne gagnerons pas d'argent.

— Mais, si on ne gagne pas d'argent, cela n'a aucun intérêt ! Autant dire que nous travaillerions pour le roi de Prusse ! On ne traite en aucun cas pour du chiffre d'affaires, mais pour du résultat. Apprenez à dire "non" et à vous engager seulement sur des affaires porteuses 1) de qualité, 2) de respect de l'humain – salariés comme clients – et 3) de résultat. En un mot : quand vous dites "oui", vous travaillez pour du chiffre d'affaires ; quand vous savez dire "non", vous maintenez votre résultat et garantissez l'avenir et la santé de votre entreprise. »

La force et le succès se mesurent, à mon avis, à cette capacité à privilégier le mieux plutôt que le médiocre, à encourager la différence et la qualité de préférence au « tout-venant ».

Privilégiez un retour sur investissement court

Être le moins endetté possible : une règle à faire vôtre pour réussir le pari de la croissance. Ayez toujours à l'esprit un schéma de retour sur investissement de cinq années. En général, il est dit que, pour être bon, le fameux indicateur financier ROI (acronyme américain pour *Return On Investment*) doit se situer entre cinq et neuf ans. Rembourser une dette au-delà de neuf années constitue un frein à de nouveaux investissements ou projets de croissances externes et, de là, un risque de stagner, ou, pire, de régresser sur des marchés qui – doit-on s'en offusquer ou s'en plaindre ? – sont de plus en plus exigeants et concurrentiels, pénalisant de fait les moins entreprenants et les moins rigoureux.

Un retour sur investissement relativement rapide vous permet d'orienter favorablement vos prises de décision. C'est un cercle vertueux auquel il est nécessaire de se conformer constamment : se distinguer par des prestations de qualité pour faire en sorte de créer la différence ; créer la différence pour gagner de l'argent ; gagner de l'argent pour conquérir la confiance des banques, des clients, pour générer de la croissance, pour se développer à l'international, etc.

Conservez une longueur d'avance

Dans le monde des affaires, il est aujourd'hui nécessaire – et fondamental – de toujours anticiper, d'avoir une idée d'avance sur les autres acteurs, vos concurrents ou ceux qui risquent de le devenir. C'est certes compliqué à entreprendre, mais cette longueur d'avance passe, on y revient, par votre capacité à faire gagner de l'argent à votre entreprise. Sans argent, vous ne pourrez pas vous réinventer, réinvestir, être à la pointe de la technicité, assurer la croissance organique qui, elle-même, autorise la croissance externe.

Cela est d'autant plus vrai dans le domaine des services, où il est plus délicat de se démarquer, d'évoluer et de réussir à être avant-gardiste sur des métiers basiques comme les nôtres. Dans l'industrie, générer de la croissance est souvent plus rapide, la valeur ajoutée est bien réelle, palpable. Dans les services, vous ne facturez que des salaires et des charges, la progression est donc beaucoup plus lente. Les 3 milliards d'euros de chiffre d'affaires que nous escomptions générer avant que ne survienne la crise sanitaire équivaudraient, dans l'industrie, selon les savants calculs des économistes, à un chiffre d'affaires multiplié par cinq, soit 15 milliards d'euros ! C'est dire l'importance pour nous de créer de la valeur grâce à la qualité et à la différenciation de notre offre.

*****

Comme l'avenir appartient à la jeunesse, j'aimerais laisser à mon fils Arthur le soin de conclure cet ouvrage. Non pas en matière économique ou de business, cela va de soi, d'autant que la question n'est pas là, mais pour clore ce récit d'une touche de fraîcheur et d'optimisme. Son jeune âge, ses aspirations, ses ambitions, mais aussi ses illusions et ses révoltes sont autant de gages de renouveau et d'espoir pour un futur à construire.

Je suis intimement convaincu que, malgré les crises que nous traversons, économique, sanitaire, sociale, les générations qui nous succèdent sauront trouver l'impulsion nécessaire pour prendre la relève et, à leur tour, placer la Bretagne sur l'échiquier mondial, plus haut et mieux que nous ne l'avons fait nous-mêmes.

À Arthur, le mot de la fin

Difficile pour moi, à 17 ans, de me projeter et de me prononcer sur ce que, nous, jeunes générations, ferons de ce que nos parents nous ont transmis, de ce qu'ils ont construit. Je veux, c'est vrai, ne pas gâcher la chance qui est la mienne. En profiter sans rien tenter serait honteux vis-à-vis de ceux qui n'auront pas les mêmes opportunités de créer. Ce n'est pas donné à tout le monde, j'en suis conscient, d'avoir un père qui, parti de rien, a, en trente-cinq années, bâti un groupe international. Dans le contexte de mondialisation actuel, pourrons-nous grandir comme il l'a fait ? Des formes nouvelles d'entreprises seront à imaginer, à inventer. Des emplois aussi, puisqu'on dit que 85 % des métiers de 2030 n'existent pas encore !

Si je dois un jour me lancer dans l'aventure, j'aimerais auparavant découvrir d'autres modes de vie, d'autres fonctionnements. M'inspirer d'autres cultures pour appréhender avec lucidité les choix que j'aurai à faire. En définitive, mon but, c'est que mes parents soient fiers de moi, car, même si ma mère n'est plus à mes côtés, ses décisions, ses actes aussi, m'ont construit et, dans un sens, m'ont rendu plus fort. J'essaierai, dans mon cheminement d'adulte, de mettre à profit tout ce que la vie m'a déjà offert. Dans tous les cas, l'optimisme de mon père, son ardeur à toujours oser, toujours entreprendre joueront, tout comme son envie de « donner envie ».

Cesson-Sévigné, septembre 2021

Remerciements

Que soient ici remerciés chaleureusement celles et ceux qui ont apporté leur éclairage, leur vision, leur connaissance technique ou historique pour l'écriture de ce livre. Tous ne sont pas cités dans ces pages, mais le concours de chacun a été précieux pour trouver le ton juste et compléter ce récit de vie de la façon la plus exhaustive possible.

Un grand merci aux membres de la famille Roulleau : Mireille Harnois, Guy Roulleau, Annie Gaubert, Marylène Roulleau-Gicquel, Mélanie Roulleau et Loeizig Trémeaud, Cécile et Thierry Geffroy, Arthur Roulleau.

Merci également à Maryline Amet, assistante de direction à FOR-BZH ; Christophe Busca, président de Samsic Airport ; Magali Cardoso, responsable communication ; Gilles Cavallari, président de Samsic Emploi ; Olivier Colly, directeur des systèmes d'information ; Stéphanie Delamarre, directrice RSE et Développement durable ; Laurent Fortin, directeur général de Château Dauzac ; Bruno Gendrot, secrétaire général de FOR-BZH ; François Leroux, directeur RH du groupe Samsic ; Frédéric Oudéa, directeur général du groupe Société Générale ; Olivier Payen, président de Samsic Facility ; Daniel Roullier, président du groupe Roullier.

Crédits photos

Collection personnelle : photos chapitre 2 p. 22, chapitre 3 pp. 26 et 29, chapitre 5 pp. 36 et 38, chapitre 6 p. 40, chapitre 10 p. 55, chapitre 29 pp. 157 (photos du haut et du bas) et 158, chapitre 31 p. 164

© Samsic – service communication : chapitre 17 p. 85, chapitre 27 pp. 137 (photo du haut) et 140, chapitre 28 p. 148 (photo du bas)

© Elizabeth Lein : chapitre 24 p. 120

© Team Arkéa-Samsic : chapitre 27 p. 137 (photo du bas)

© Théo Drouadène : chapitre 28 p. 147 (photo du haut)

© Les histoires d'A : chapitre 28 pp. 147 (photos du milieu et du bas) et 148 (photo du haut)

© Nicolas Mathéus : chapitre 33 p. 186 (photo du haut)

© Jessy Hihn : chapitre 33 p. 186 (photo du bas)

© Château Dauzac : chapitre 33 p. 190 (photos du haut et du bas)

Table

DEUXIÈME PARTIE
L'AVENTURE SAMSIC

TROISIÈME PARTIE
LES PIERRES ANGULAIRES DE LA RÉUSSITE

QUATRIÈME PARTIE
TRANSMISSION ET PÉRENNITÉ

MIXTE
Papier issu de
sources responsables
FSC® C003309
FSC
www.fsc.org

L'éditeur de cet ouvrage s'engage dans une démarche de certification FSC® qui contribue à la préservation des forêts pour les générations futures.

Pour en savoir plus :
www.editis.com/engagement-rse/

Achevé d'imprimer par
Normandie Roto Impression s.a.s.
61250 Lonrai
N° d'impression : 2200613

Imprimé en France